lambert schneider taschenbücher

YOSHIKO OSHIMA

Zen – anders denken?

Zugleich ein Versuch über Zen und Heidegger

HEIDELBERG
VERLAG LAMBERT SCHNEIDER

ORIGINALAUSGABE

Verlag Lambert Schneider GmbH · Heidelberg

Composersatz: Heidi Garbereder, Aachen

Herstellung: Kösel, Kempten

MEISTER SO-EN NAKAGAWA
ZUM GEDÄCHTNIS

Inhaltsverzeichnis

Die vorliegende Schrift ist die überarbeitete und erweiterte Fassung eines Vortrags, der auf Veranlassung des Deutsch-Japanischen Kulturvereins Freiburg e.V. am 24. Juni 1983 in der Universität Freiburg i. Br. gehalten wurde – für alle, die sich fragend, denkend, vor allem sitzend, auf dem Zen-Weg befinden. Y. O.

Die Schrift geht ihre Schritte gemäß der folgenden schematischen Darstellung an:

Seite

19

107–116

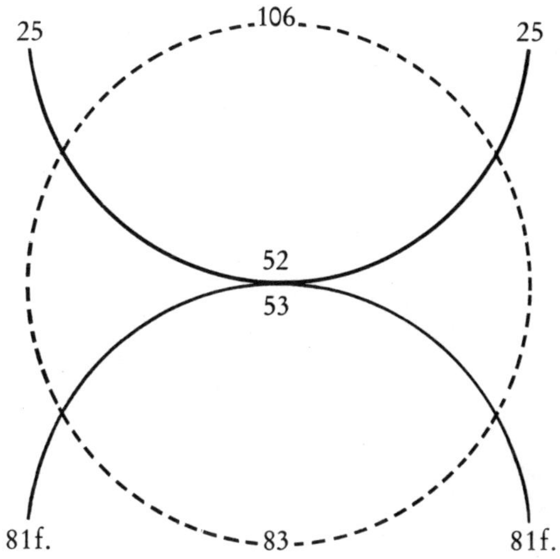

(107–116)

Ein Lebenslauf als vorbereitende Einleitung[1]

Nach dem Studium der Philosophie Heideggers in Nara und in Kyoto habe ich unter der Leitung von Meister So-en Nakagawa in dem vom großen Meister Hakuin der Rinzai-Zen-Schule gegründeten Ryutakuji-Zen-Kloster streng Zazen geübt, um letztlich die Frage zu beantworten: Wie kann ich die vollkommen in sich abgeschlossene Identitätsaussage "Ich bin ich", die sich mir als vermutlich letzte Antwort auf meine frühere Frage "Wer bin ich?" schon gezeigt hatte und auf einem weiten Horizont einsam aufgeschlossen blieb, vom Grunde aus lösen und dadurch die ursprüngliche Sprache meines Leibes im ganzen, die ursprüngliche Sprache in meinem Sein im ganzen konkret durch das Zazen, durch das Sitzen in Meditation auf dem Boden mit übereinandergeschlagenen Beinen, freilegen?

Genauer gesagt, es ging mir im Zazen um die Frage: Wie kann ich diese Identitätsaussage als solche von ihr her verschmelzen lassen? Wie kann ich, das fragende Ich bei der Identitätsaussage "Ich bin ich", von dem anderen, auch fragenden, ja in das fragende Ich miteinbezogenen Prädikat Ich her dieses, das fragende Ich, ein- und überholend verschmelzen in der Blickrichtung auf das Woraufhin, von woher mir die erste Frage "Wer bin ich?" entsprang? Wie könnte dies in dem kleinen

Wörtchen "bin" geschehen? Es müßte geschehen, und dann würde ein letzter Schimmer Einsamkeit von selbst verschwinden.

In der Tat ist dies bei meinem zweiten Sessin (Meditationswoche) eingetreten. Nachdem ich im Zazen diese schwierige Frage durch die intensive Arbeit am Koan "Mu" ("Nichts") von Meister Johshu (chin. Chao Chou) gelöst hatte, sang mein Meister So-en Nakagawa, ein großer Haiku[2]-Dichter, der in Japan als "Basho[3] von heute" bezeichnet wird, vor allen Anwesenden, etwa fünfzig Mönchen und Laien, dieses Lobgedicht:

Oh, Wunder! Wunder aller Wunder!
Allem Seienden wohnt von vornherein
die Buddhaheit inne.
Warum weiß niemand,
Warum kann niemals ergründet werden.
Eine Pflaumenblüte, solch eine kleine rote,
manifestiert wahrhaftig neun Himmel!

Was für ein Glück! Was für eine Freude und Wonne! Nach den unerhörten Geburtsschmerzen ist endlich ein neues Kind geboren, wie man die Erleuchtungserfahrung zu nennen pflegt. Mit diesem "neugeborenen Kind" kam ich im Sommer 1973 auf Einladung von Professor Karlfried Graf Dürckheim nach Freiburg im Breisgau.

Von 1974 an habe ich damit begonnen, auf Wunsch von Professor Graf Dürckheim und Professor Nishitani japanische Zen-Meister nach Deutschland einzuladen und mit ihnen zusammenzuarbeiten. Professor Nishitani,[4] der führende Kopf der Kyotoer Philosophie-Schule, meinte damals, die deutschen Zen-Suchenden hätten schon genug Bücher über Zen-Buddhismus und Zen-Praxis gelesen. Sie sollten jetzt vielmehr unter der Leitung von Zen-Meistern Zazen üben, und er ermutigte mich, den Meistern hier in Deutschland zu helfen.

Begleitet von vielen freundlichen Hinweisen Professor Nishitanis, wie die Zazen-Übung und vor allem die Koan-Übung hier in Deutschland ein- und durchgeführt werden sollten, habe ich von 1974 bis 1981 Jahr für Jahr zunächst mit Meister Yuho Seki, dann mit Meister Seiko Hirata und schließlich mit dem Nachfolger meines Meisters, Meister Sochu Suzuki, in Deutschland, der Schweiz und Österreich gearbeitet, seit 1980 in Österreich auch mit Meister Johshu Sasaki aus den U.S.A.

Wenn ich jetzt auf den Weg zurückblicke, den ich in meinem Denken bisher gegangen bin, so möchte ich allen anderen voran meinen Eltern und, neben so vielen Denkern, Schriftstellern und Kunstwerken, zuerst der Bibel und der symmetrisch komponierten europäischen klassischen Musik, sodann dem außergewöhnlichen Denker unseres Jahrhunderts, Martin Heidegger, und schließlich Meister So-en Nakagawa von ganzem Herzen danken.

Ohne die glückliche Kindheit bei meinen Eltern, die mir so viel Freiheit zum Selbst-Sehen, Selbst-Denken und Selbst-Schaffen ließen und die mir so viele Möglichkeiten gaben, das selbst Gesehene und Gedachte ohne jegliche Voreingenommenheit mit meinen eigenen Worten zum Ausdruck zu bringen und meine verschiedenen Ideen zu verwirklichen; ohne meine Kindheitserlebnisse mit der Bibel, dem kirchlichen Leben an der Sonntagsschule, was mir später eine Begegnung mit den "Confessiones" des Augustinus vorbereiten sollte, und mit der europäischen Musik, Bach, Mozart, Beethoven, Schubert, Brahms, und den Gemälden – besonders denen von Paul Cézanne – hätte ich überhaupt keinen richtigen existenziellen *Ausgangspunkt* zum Denken finden können.

Ohne die Begegnung mit dem Denken Heideggers aber hätte ich nicht den entscheidenden *Wendepunkt*, nämlich keinen angemessenen *Zugang* zum Zen und Zazen, nicht einmal zum Verständnis der grundlegenden Struktur der stets asymmetrisch gestalteten japanischen Kunstwerke gewinnen können. Heideggers Denken stellt einen Wendepunkt im abendländischen Denken dar. Seine tiefgreifende Auseinandersetzung mit der europäischen philosophischen Tradition und seine Suche nach einem *anderen* Anfang des "Denkens" liegen dem so nah, was Zen "anders denkend" sucht und was in Japan immer noch lebendig bewahrt ist, so daß ich mich nicht scheue, mit Nachdruck zu sagen: Wenn es innerhalb der europäischen Philosophie (abgesehen davon, daß die Philosophie höchstens der Vorbereitung zum Meditieren dienen könnte) ein Hilfsmittel zur Grundlegung des Verständnisses und zum reinen Finden des Zen-Wegs für die europäischen Zen-Suchenden geben könnte, dann wäre Heideggers Denken am besten dafür geeignet. Zen hat mit selbstverlorenem ekstatischen Phantasieren, mit bloß exotischem Geschmack oder mit bewußtseinsanalytischer Beschreibung des Überselbst und Ähnlichem nichts zu tun, wie wir in unserer Untersuchung sehen werden.

In einer Phase meines Lebens, in der ich mich einsam fühlte, haben mir in einer bestimmten Hinsicht sehr viel geholfen: Wagners Musik, vor allem "Tristan und Isolde", das Fallen und Steigen der Leitmotive in der Chromatik, die Musik Bruckners, das Gemälde "Heilige Anna" (The National Gallery London) von Leonardo da Vinci und seine nachgelassenen Traktate, die Biographie Cézannes von Henri Perruchot, die Werke von Friedrich Hölderlin, Friedrich Nietzsche, R. M. Rilke und Thomas Mann, von Charles Baudelaire, Arthur Rimbaud, Paul Valéry, J. P. Sartre und J. M. G. Le Clézio, von T. S. Eliot und Samuel Beckett, von Dostojewski, von Soseki Natsume, Yutaka Haniya und vor allem Yukio Mishima. Bei den eben genannten Komponisten, Malern, Schriftstellern oder Dichtern geht es nicht um die Selbstbefangenheit des modernen "Selbstbewußtseins", sondern vornehmlich um das Selbst-Gewinnen des sich selbst Erkennenden. Es geht also um jenen im Werden befindlichen schöpferischen Künstler, der dazu berufen wurde, "dem Werden den Charakter des Seins aufzuprägen"[5] und dieses Sein mit den "Worten" einzurahmen und künstlerisch zu konstruieren – "das ist der höchste Wille zur Macht".[6] Und es kommt daher auf jenes Leben an, von dem Nietzsche selbst so spricht: "Das Leben [...] geheimnisvoller – von jenem Tage an, wo der große Befreier über mich kam, jener Gedanke, daß das Leben ein Experiment des Erkennenden sein dürfe –."[7]

Letztlich aber hätte ich ohne jene entscheidende Begegnung mit Zen und Zazen unter der Leitung meines hochverehrten Meisters So-en Nakagawa keine *Rückkehr* mehr zum mitmenschlichen Alltag erlangen können.

Vor–Wort

Der Titel des Vortrags, genauer des *Vor-trags*, lautet weder "Zen – was ist anderes Denken?" noch "Zen – was heißt: anders denken?", sondern "Zen – anders denken?". Dieser Titel des Vor-trags stellt keine "Was"-Frage und endet, wie Sie gerade gehört haben, mit einem Fragezeichen. Dieses Fragezeichen weist uns zunächst irgendwie auf eine Andersheit des Denkens hin, die unserer geläufigen Denkart andersartig und sogar entgegenzustehen scheint. Doch wir verzichten zu Beginn nicht nur darauf, verschiedene Definitionen von "Denken" anzusammeln, sondern auch darauf, zu definieren, was dieses geläufige Denken an und für sich heißt, mag es auch immer als ein diskursiv-diskriminierendes, ein vorstellendes oder als ein logisches bezeichnet werden.

"Anders denken?" heißt "anders verstehen und sich anders verhalten?", und die formale Struktur dieses Fragens kann reduziert werden auf eine Frage: "Wie können wir denn anders verstehen und uns anders verhalten?" Das "Wie" unserer Verstehens- und Verhaltensweise wird fragwürdig.

Einen Vortrag pflegt man mit den Definitionen der betreffenden Begriffe des Themas oder mit der Darlegung der zu thematisierenden Gesichtspunkte zu beginnen. Mit schon festgelegten Sachhinsichten oder Thesen zu beginnen, heißt aber, das, was das Fragen "Zen – anders denken?" aufschließen will, von vornherein zu verschließen und zu begrenzen. Wenn man auf diese Weise mit der Begrenzung beginnt, gerät man unumgänglich in eine Sackgasse, und es stellt sich folgerichtig die Frage: Wie kann man diese Begrenzung aufheben? Dann ruft man die Dialektik oder die diskursiv-diskriminierende Denkart zu Hilfe, deren gemeinsame Struktur dem "Wissen um" zugrunde liegt. Diesen Denkprozeß kann man als akademische Wissenschaft bezeichnen. Wir dürfen aber nicht einfach Wissenschaft, Philosophie treiben, sondern müssen vielmehr philosophieren, und wir dürfen nicht das schon Gedachte bloß nachsprechen, sondern müssen selbst denken. Wir brauchen keinen akademischen "Leichnam".

Der Titel "Zen – anders denken?" ist also keineswegs der objektiv festgestellte Gegenstand unserer Untersuchung, sondern nennt unser gemeinsames Übungsthema.

Wir müssen zunächst versuchen, für unser Fragen den rechten Ausgangspunkt zu gewinnen, der uns einen Weg sichtbar konstruieren soll. Wir werden uns zu seiner Durchführung von einer Richtlinie leiten lassen, indem wir unser Übungsthema in vier Schritten angehen. Erst wenn wir diesen Weg bis zu seinem Ende, bis zu seinem letzten Wort gegangen sind, wird uns unser anfängliches Fragen verständlich.

Die vier Schritte lassen sich wie folgt nennen:

1. Die Exposition eines Fragens nach dem Sinn von Zen.
2. Die Frage nach dem Nichts (untere Grenze der Transzendenz): Sie gründet im "Wie" unserer Verstehensweise.
3. Die Frage nach der Sprache (obere Grenze der Transzendenz): Sie beruht auf dem "Wie" unserer Verhaltensweise.
4. "Ein Wahrer Mensch ohne jeglichen Rang" – dieser Spruch stammt von dem berühmten chinesischen Zen-Meister Rinzai (chin. Lin Chi, gest. 867 n. Chr.), dem Begründer der Rinzai-Zen-Schule. [8]

Die Wesenszusammengehörigkeit und, gleichursprünglich mit ihr, die Wesensgetrenntheit beider Fragen, der Frage nach dem Nichts (dem "Wie" der Verstehensweise) und der Frage nach der Sprache (dem "Wie" der Verhaltensweise), können erst durch die Freilegung der Fragedimension, die ihrerseits durch die Ausarbeitung eines Fragens nach dem Sinn von Zen vollzogen wird, sichtbar gemacht werden.

Der Mensch, der diese hier zunächst vorläufig formal vorgenommene Zweiteilung zwischen dem Nichts und der Sprache *als solche*, d. h. im ganzen ergründet, sie als ein "Wie" der in "der metaphysisch-ontologischen Dimension"[9] geschehenden Artikulierensweise der letzten Wirklichkeit des Zen oder der letzten Zen-Wahrheit erfaßt hat (wie die Zen-Meister mit dem Malen eines Kreises), der sich trotzdem an diese Erklärung nicht mit Begriffen und Worten klammert und sich hier und jetzt im mitmenschlichen Alltag so frei verhält, als ob er überhaupt nichts vor und hinter sich hätte – dieser Mensch wird "ein Wahrer Mensch ohne jeglichen Rang" genannt. Der Mensch gilt also nach der zenbuddhistischen Auffassung nicht als eine festgelegte, auf dem "Ich" als dem Subjekt der Aussage beruhende Substanz, sondern erschließt sich als ein offener Ort, ein offenes Feld, wo, wie wir sehen werden, der Artikulationsprozeß im ganzen, und zwar in der metaphysisch-ontologischen Dimension dynamisch und universal geschieht, während wir das der Wesensgetrenntheit zwischen dem Nichts "und" der Sprache, zwischen der Verstehensweise "und" der Verhaltensweise wesenhaft zugrunde liegende "und" (die Wesenszusammengehörigkeit) *eigentlich*[10] tragen.

Jetzt geht es uns um die Exposition eines Fragens nach dem Sinn von Zen. Wir müssen anfangen, konkret anders zu denken.

ERSTER TEIL

Die Exposition eines Fragens nach dem Sinn von Zen

趙州 因みに僧問う,
如何なるか是れ祖師西来意。
州云く,庭前の柏樹子。

Dieser Text, den ich auf Japanisch in einer bestimmten Lesart vorgelesen habe, lautet deutsch:

"Ein Mönch fragte einmal Meister Johshu: 'Welchen Sinn hat es, daß der Patriarch vom Westen her kam?'
Meister Johshu antwortete: 'Der Eichbaum im Vorgarten'."

Mit dem Patriarchen ist Bodhidharma, der Gründer des Zen-Buddhismus, gemeint. Nach der Überlieferung kam er, der 28. indische Patriarch nach dem historischen Buddha, im Jahre 526 n. Chr. vom Westen, aus Indien, nach China und hatte im darauffolgenden Jahr die Gelegenheit, eine Audienz bei dem Kaiser Bu (chin. Wu) der Liang-Ära zu erhalten, der damals als ein erstrangiger Gelehrter des Mahayana-Buddhismus bekannt war. Das erste Koan der im Jahre 1125 zusammengestellten berühmten Koan-Sammlung "Hekigan Roku" ("Niederschrift von der smaragdenen Felswand", chin. "Bi Yän Lu"[11]) beschreibt diese Audienz zwischen Kaiser Bu und Bodhidharma in der für Zen typisch brüsken und knappen Form: Der Kaiser Bu fragte den Bodhidharma: "Welches ist also der höchste Sinn der heiligen Wahrheit?" Bodhidharma antwortete: "Offene Weite – Nichts Heiliges!".

Der Kaiser: “Wer bist du, der es wagt, Uns so entgegenzutreten?” Bodhidharma: “Ich weiß es nicht!”. Da sich Bodhidharma dem Kaiser mit seinen Worten nicht verständlich machen konnte, zog er sich in seinen Shorin-(chin. Shaolin-) Tempel zurück, wo er neun Jahre in einer Höhle, auf die Felswand starrend, zugebracht haben soll. Infolge dieses intensiven Sitzens in Meditation sind – so sagt die Legende – seine Hände und Beine verfault und abgefallen.

Daher rührt die Symbolik der japanischen Daruma-Puppe, die den Bodhidharma ohne Hände und ohne Beine als eine Art Stehaufmännchen darstellt, dessen Gewicht so verteilt ist, daß er, umgestoßen, immer wieder von selbst aufsteht. Ein bekannter Spruch sagt von der Daruma-Puppe: “So ist das Leben: siebenmal hinunter, achtmal hinauf”. Die Daruma-Puppe lebt nicht nur in diesem Spruch, sondern man kauft und schenkt sich auch heute noch bei verschiedenen Anlässen diese Puppe, deren Augen zunächst nur als leere Ringe angedeutet sind. Sieht man seinen Wunsch erfüllt, malt man selbst vor Freude und Wonne die beiden Augen. Dadurch wird die Daruma-Puppe, ja vielleicht sogar der Bodhidharma selbst zum Leben erweckt. Warum aber ihr Gewicht so verteilt ist, daß sie, umgestoßen, wieder von selbst aufsteht, als ob sie sich ihres Körpergewichtes nicht bewußt wäre, und ob man heute diese Bedeutung versteht oder nicht – das soll in unserer weiteren Untersuchung noch behandelt werden.

Mit dem Patriarchen ist also Bodhidharma gemeint. Sein Kommen bedeutet den geschichtlichen Anfang des Zen-Buddhismus. "Welchen Sinn hat es, daß der Patriarch vom Westen her kam?" Diese Frage fragt nach dem Sinn dieses anfänglichen Grundgeschehens, nach dem *Sinn von Zen*. Bodhidharma lebt oder kann zum Leben erweckt werden insofern, als wir nach dem Sinn seines Kommens vom Westen her fragen. Erst wenn diese Frage und die Antwort "Der Eichbaum im Vorgarten" als Koan, als Meditationsthema, aufgenommen werden und der Meister dies seinem Schüler gegenüber als Hilfsmittel zur Erleuchtung verwendet und wenn der Schüler, gleich ob Mönch oder Laie, beim Zazen, beim Sitzen in Meditation auf dem Boden mit übereinandergeschlagenen Beinen, an diesem Koan mit seinen ganzen Kräften, dem Atemrhythmus entsprechend, arbeitet, dann wird man gewahr, daß der erfragte *Sinn von Zen* die Frage in sich zweifach enthält: Zum einen, in welcher Absicht oder warum Bodhidharma vom Westen her kam und, zum anderen, von welcher Bedeutung für uns Übende das Kommen des ersten Patriarchen ist. Mit dieser zweifachen Frage sucht der Übende eine Möglichkeit, die Antwort Meister Johshus zu verstehen. Diese Suche offenbart ihm, d. h. artikuliert vorläufig den *Sinn* des anfänglichen Geschehens von Zen zweifach. Sie reißt in ihm als die Grundstruktur dieses Sinnfragens einen Sinnhorizont auf und damit korrelativ eine vorgegebene Sinn*bestimmtheit* und mit dieser gleichursprünglich eine Sinn*artikulierbarkeit* des Zen aus diesem zunächst vorläufig rein formal gegebenen Sinnhorizont: der Übende versucht im Erfassen, im Sichaneignen dieses *Sinnes* in seiner Sinnbestimmtheit, in die er geworfen ist, und seiner von ihm zu entwerfenden Sinnartikulierbarkeit in die letzte Wirklichkeit *des* Zen zu gelangen.

Erst durch die Zazen-Übung, in der dem Übenden die zunächst vorläufig rein formal gestellte Frage ein wirkliches Übungsthema, ein wirkliches Fragen geworden ist, teilt sich das zunächst identische Fragen nach dem Sinn von Zen einerseits in die Frage nach der letzten Zen-Wirklichkeit und andererseits in die Frage "Wer stellt gerade diese Frage?", also in die Frage nach der Werheit dessen, der diese Frage existenziell stellt und daran arbeitet. Ein und dasselbe Fragen nach dem Sinn von Zen verwandelt sich im "Sein" des Fragenden im und durch den fragenden Existenzvollzug: in der Fragestellung der existenzial-ontologischen Frage nach der "Ist-heit",[12] der "Soheit" der letzten Wirklichkeit des Zen und nach der Werheit des Fragenden, und ist so in der Sinnartikulierbarkeit und Sinnbestimmtheit differenziert aufgeschlossen. Ohne diese grundlegende Differenzbildung eines identischen Fragens nach dem Sinn von Zen ist es grundsätzlich unmöglich, daß der fundamentale, genauer existenzial-"ontologische" ("-seins"- bzw. "-heits"- oder "-keits"-bezügliche) Sinnhorizont, auf den die Frage zweifach – existenziell und "ontisch" ("seiend"-

bezüglich) – gerichtet werden kann, mit der Sinnartikulierbarkeit und Sinnbestimmtheit zum Vorschein kommt.

Meister Johshu (chin. Chao Chou), der in China von 778 bis 892 lebte, taucht oft als Hauptfigur verschiedener Koan-Sammlungen auf, z. B. in "Johshus Mu" ("Nichts") der Koan-Sammlung des Meisters Mumon (chin. Wu Men, 1183–1260) mit dem Titel "Mumon Kan" (chin. Wu Men Kuan, "Die torlose Schranke"[13]). Er erwidert hier auf die Frage nach dem Sinn von Zen, auf die Frage nach dem Kommen Bodhidharmas in der Gestalt der zweifachen Sinnfrage: "Der Eichbaum im Vorgarten". Diese Antwort Johshus steht vor uns wie eine steile Felsenwand, unüberwindbar. Wo und auf welche Weise wäre ein Weg zu finden, auf dem wir sie erklimmen könnten und der uns zur Erleuchtung geleiten könnte?

Meister Mumon, von dem noch später die Rede sein wird, widmet diesem Koan "Der Eichbaum im Vorgarten" einen kurzen Kommentar und ein Lobgedicht. Sein Kommentar lautet: "Für den, der den Kern der Antwort Johshus wirklich begreift, gibt es keinen Shakyamuni[-Buddha] in der Vergangenheit, keinen Maitreya[-Buddha] in der Zukunft."[14] Maitreya-Buddha meint jenen Buddha, von dem gesagt wird, daß er 5670000000 Jahre nach dem historischen Shakyamuni-Buddha in dieser Welt erscheinen wird, um die Menschen zu retten. In seinem Lobgedicht, mit dem Meister Mumon einerseits die Antwort Johshus "Der Eichbaum im Vorgarten" preist und andererseits uns Übende streng warnt, stehen folgende Zeilen: "Worte geben keine Wirklichkeiten wieder; Schriftzeichen enthalten nicht den Geist des Inneren. Wer sich an Worte klammert, ist verloren; wer an Schriftzeichen festhält, wird in Unwissenheit verbleiben." [15]

Wir gehen jetzt nicht zusammen mit Meister Mumon weiter, sondern wollen zunächst einige Worte von Rudolf Otto und von C. G. Jung hören.

Rudolf Otto äußert in seinem Buch "West-östliche Mystik", nachdem er Vedānta und Mahayana-Mystik verglichen hat: "Das höchste Prinzip der Zen-Mystik als das ganz dynamische, unstatische, als das zugleich viel lebendigere" unterscheidet sich vom Vedānta "als dem ganz Statischen, in sich Massierten, ruhend-Festen". [16] In demselben Buch bemerkt er unter dem Titel: "Das 'Nach-oben-Offene' in der Mahayana-Mystik": "Im Vedānta kommt man zuletzt an bei dem Brahman, dem Ewig-Einen. [...] Und darum wehrten sich die alten Zen-Meister bewußt gegen den Vedānta. Ihr Erlebnis ist immer wieder, so hoch man auch steige, 'nach oben offen', und nicht einmal ein Ideogramm umschließt seine Offenheit. In dieser Hinsicht haben sie viel mehr Ähnlichkeit mit unserer eigenen deutschen Mystik, wie sie uns Eckhart gegeben hat. [...] Eckhart ist gotischer, nicht griechischer Mystiker und damit ist er dem Mahayana ähnlicher." [17] Schließlich versteht Rudolf Otto Zen als "die seltsame Erlebniswelt einer Mystik von ganz eigenem Charakter, zu dem man von uns aus höchstens von Eckhart her, und nur von einigen seiner seltensten und tiefsten Momente her, einigen Zugang gewinnen kann, uns Westlichen nahezubringen".[18]

Auch C. G. Jung untersucht in seinem Geleitwort zu dem Buch von Daisetz T. Suzuki "Die große Befreiung" den "Inhalt der Erleuchtung" und schreibt: "Der Vorgang des Satori [Erleuchtung] ist gedeutet und formuliert als ein Durchbruch eines in der Ichform beschränkten Bewußtseins in die Form des nicht-ichhaften Selbst. Diese Auffassung entspricht dem Wesen des Zen, aber auch der Mystik des Meister Eckhart."[19] C. G. Jung zitiert als Beispiel für die Erleuchtung Meister Eckharts den langen Passus aus der Predigt über "beati pauperes spiritu" ("selig die Armen im Geiste", vgl. Matth. 5, 3). Um später einen Vergleichshorizont konkret vor Augen zu bekommen, hören wir das ganze Zitat:

"Als ich aus Gott heraustrat, da sprachen alle Dinge: Es gibt einen Gott! Nun kann mich das nicht selig machen, denn hierbei fasse ich mich als Kreatur. Aber in dem Durchbruch, da ich ledig stehn will im Willen Gottes, und ledig auch von diesem Gotteswillen, und aller seiner Werke, und Gottes selber – da bin ich mehr als alle Kreatur, da bin ich weder Gott noch Kreatur: ich bin, was ich war und was ich bleiben werde, jetzt und immerdar! Da erhalte ich einen Ruck, daß er mich emporbringt über alle Engel. In dem Ruck werde ich so reich, daß Gott mir nicht genug sein kann, nach allem, was er als Gott ist, nach allen seinen göttlichen Werken: denn ich empfahl in diesem Durchbruch, was ich und Gott gemeinsam sind. Da bin ich, was ich war, da nehme ich weder ab noch zu, denn ich bin da ein Unbewegliches, welches alle Dinge bewegt. Hier findet Gott keine Stätte mehr im Menschen, denn hier hat der Mensch durch seine Armut wieder errungen, was er ewiglich gewesen ist und immer bleiben wird."[20] Zu diesem Zitat schreibt C. G. Jung: "Der Meister schildert hier wohl ein Satori-Erlebnis, eine Ablösung des Ich durch das Selbst, dem 'Buddha-Natur', also göttliche Universalität zukommt."[21]

Daß sowohl Rudolf Otto als auch C. G. Jung neben anderen buddhistischen Weltanschauungen auf Zen Nachdruck legen, Zen mit der Mystik Meister Eckharts vergleichen und von daher ihren Zugang zum Verständnis von Zen und Satori zu finden versuchen, gründet sich mit Recht auf die Tatsache, daß Zen den Standpunkt des Nichts, der für den Buddhismus allgemein gilt, allem anderen zuvor ausdrücklich einnimmt und durch die strenge Zazen-Übung von Grund auf dynamisch verwirklicht: daß Zen das Nichts in, mit und durch uns Übende dynamisch, mit Heidegger gesprochen, "nichten" läßt, ja, dynamisch nicht nur in Hinblick auf jenen dynamischen Artikulationsprozeß im ganzen, auf den wir später zurückkommen, sondern auch in methodischer Hinsicht innerhalb der Rinzai-Zen-Schule, wo das Koan als Hilfsmittel zur Erleuchtung angewandt wird.

Jetzt müssen wir nach dem mehr äußerlichen Vergleich von Meister Eckhart mit dem Zen noch einmal zu dem Ausgangspunkt unseres "anders denken?" zurückgehen und versuchen darzulegen, inwiefern Meister Eckhart und Zen Ähnliches erstreben und wo sich beide voneinander trennen. Um uns jener Antwort "Der Eichbaum im Vorgarten" anzunähern, schlagen wir, von Meister Eckhart ausgehend, einen langen Weg ein und versuchen, den *Ort* der Antwort Johshus ins Blickfeld zu bekommen. Gerade dieser Umweg soll jedem von Ihnen in Ihrer Sinnbestimmtheit und Sinnartikulierbarkeit den schon erwähnten Sinnhorizont konkret freilegen, auf dem erst die zwei voneinander geschiedenen Fragen: die Frage nach dem Nichts (dem Wie der Verstehensweise) und die Frage nach der Sprache (dem Wie der Verhaltensweise) gestellt werden können. Wir müssen uns jetzt nicht nur in das "anders denken?" versetzen, sondern wirklich "anders denken".

Das eine Fragen nach dem Sinn von Zen, nach dem Sinn des Kommens Bodhidharmas aus dem Westen, erschien in unserer Fragestellung vorläufig getrennt, indem es das Wie unserer Verstehensweise und das Wie unserer Verhaltensweise, die Frage nach der letzten Wirklichkeit des Zen und die Frage nach der Werheit des Fragenden, und zwar in der existenzial-ontologischen Sinnartikulierbarkeit und Sinnbestimmtheit, konzentriert und konzentrierend fragwürdig werden ließ.

So gesehen entspricht dieses eine Fragen

seiner Struktur wie auch seiner Bedeutung nach der soteriologischen Grundfrage des Christentums, der Frage "cur deus homo?", "Warum ist Gott Mensch geworden?". Gottes Sohn ist in Jesus von Nazareth Mensch geworden. Diese Menschwerdung ist das anfängliche Grundgeschehen für die christliche Heilsgeschichte. Nun wird die Frage "cur deus homo?" wieder in einer zweifachen Weise gestellt. Sie fragt sowohl nach der Absicht Gottes bei der Menschwerdung als auch nach der Bedeutung der Menschwerdung Gottes für uns, die Fragenden. Dies erschließt uns in und mit unserer Sinnbestimmtheit und Sinnartikulierbarkeit den Sinnhorizont, der sich durch das Wie unserer Verstehens- und Verhaltensweise formal strukturiert, insofern wir dieses "cur deus homo?" in uns existenziell stellen, und zwar mit dem Nachdruck auf das "Wie": Wie wir diese eine Frage in uns im ganzen, es verstehend und uns dazu verhaltend, stellen und ausarbeiten.

Wie antwortet Eckhart auf die Frage "cur deus homo?"? In einer Predigt sagt er: "Gott ist aus dem Grunde Mensch geworden, daß er dich als seinen eingeborenen Sohn gebäre und als nicht geringer." [22] Bei diesem Beispiel Eckharts wird auf die Warum-Frage mit einem "Darum" geantwortet: Warum ist Gott Mensch geworden? Darum, damit er dich als seinen eingeborenen Sohn gebäre. Hier waltet ein logisches Frage-und-Antwort-Verhältnis. Bei dem Zen-Beispiel ist das Verhältnis zwischen den Worten Johshus und der gestellten Frage nach dem Sinn des Kommens des Patriarchen zunächst vollkommen unverständlich. *Den Eichbaum im Vorgarten* können wir durchaus empirisch wahrnehmen, aber diese an sich verständlichen Worte wenden sich plötzlich ins Unverständliche, wenn wir sie als Johshus Erwiderung *"Der Eichbaum im Vorgarten"* ansehen. Selbst wenn der Sachverhalt zwischen Frage und Antwort im Zen-Beispiel auf der metaphysisch-ontologischen Ebene läge und wenn die heutige positivistisch-linguistische Kritik der "metaphysischen" Sprache auch an unserem Zen-Beispiel geübt werden sollte, kann "Der Eichbaum im Vorgarten" diese Kritik ohne weiteres abwehren, denn er ist durchaus empirisch wahrnehmbar.

Aber was für eine Antwort ist "Der Eichbaum im Vorgarten"? Ist es überhaupt eine Antwort? Der logische Zusammenhang zwischen Frage und Antwort ist hier zerrissen. Eine tiefe Kluft scheint hier die Frage des Mönchs und die Worte Johshus zu trennen. Was geschieht mit seinen Worten? Alles bleibt unklar. Wir müssen zunächst beim Unverständlichen ausharren und nicht voreilig verstehen wollen, etwa die betreffenden Worte als Allegorie oder Symbol weginterpretieren, was im Zen streng untersagt ist. Vor dem Sinnhorizont der Warum-Darum-Entsprechung kommt "Der Eichbaum im Vorgarten" noch nicht ins Blickfeld.

Was aber den Inhalt der Antwort Eckharts anbelangt, so steht er allerdings dem Mahayana-Buddhismus, der metaphysisch-ontologischen Grundlage des Zen, einen Schritt näher als das traditionelle christliche Denken. Wie seine Antwort zeigt, lehrt Eckhart, daß Gott bei einem jeden Menschen Mensch wird, nicht nur bei Jesus Christus allein. Das absolute Heilsgeschehen gilt einem jeden einzelnen direkt, nicht erst über Christus als Vermittler. Der einzelne, bei dem Gott Mensch geworden ist, ist ein und derselbe Sohn wie Jesus Christus. Mit diesem Gedanken erweist sich Eckhart als geistesverwandt mit dem Mahayana-Buddhismus, nach dessen Lehre dasselbe Erwachen zur selben Wahrheit einen jeden einzelnen zu demselben Buddha macht, wie es der historische Buddha war. Bei der Buddha-Werdung eines jeden Menschen kommt es auf dieselbe "Buddhaheit"[23] an wie bei dem historischen Buddha.

Nun gehört diese Verwandtschaft der Mystik Eckharts mit dem Mahayana-Buddhismus zur Sache der "Lehre". Das Zen hat aber seinen Wesensort, streng genommen, nicht nur außerhalb der "Lehre", wie der alte Zen-Spruch sagt: "Eine besondere Überlieferung – direkt vom Herzen zum Herzen – außerhalb der Lehrschriften", auch findet das Wortgeschehen des Zen im konkreten Zazen und in der konkreten Koan-Übung zwischen dem Meister und dem Antwortenden statt. So bietet Eckharts Lehrhaltung im allgemeinen keine Annäherung an das Zen-Beispiel.

Wir müssen noch tiefer in die Mystik Eckharts eindringen, und zwar immer noch im Zusammenhang mit der zum Vergleich herangezogenen Frage "cur deus homo?", um eine höhere Entsprechung zum Zen-Beispiel zu ermitteln. “Warum ist Gott Mensch geworden?”: Diese Frage fragt nach dem “Warum” einer Tat Gottes. Nun spricht Eckhart wiederholt vom “ohne Warum” Gottes. Gott ist ohne Warum. “Gott wirkt ohne Warum und kennt kein Warum.”[24] Gott wirkt also aus sich selbst zu sich selbst. In bezug auf die Taten Gottes als Ausflüsse aus der Seinsfülle kann nicht nach dem Warum gefragt werden. Die Frage trifft dementsprechend nicht Gott, wie er in sich selbst seinen Grund hat, sondern belegt vielmehr mit der menschlichen Denkkategorie die Reinheit des göttlichen Seins. Mit der Frage “warum Gott ...” ist man gerade versucht, sich Gott noch innerhalb des menschlichen Denkens vor-zustellen, wobei das Vor-gestellte nichts weiter als ein Zusatz zu Gott wäre. Die Denkkategorie “warum-darum” könnte nur bedeuten: Gott wirkt das und das einzig darum, weil er das und das wirkt, weil Gott Gott ist: also eine in sich vollkommen abgeschlossene Identitätsaussage der Selbstbegründung Gottes.

“Warum ist Gott Mensch geworden?” – “Ohne Warum.” Bei dieser Erwiderung “ohne Warum” geht es aber, genauer gesehen, darum, die Fragestellung “warum” strikt zurückzuweisen und zugleich unmittelbar Gott in seinem Ohne-Warum-Sein zu zeigen und so den Fragenden aus der Haltung, wo er Gott gegenüber die Frage “warum” stellt und die Antwort “darum” erwartet, herauszureißen und ihn geradehin ins göttliche “ohne Warum”, wo Gott ist, hineinzuversetzen. Das Spannungsfeld ist bei dieser Erwiderung stärker als im oben behandelten ersten Beispiel Eckharts, wo die Frage "warum" und die Antwort "darum" von Gott reden, d. h. beide zusammen Gott zum Gegenstand der Erörterung machen. Der Abstand zu Gott bietet dabei gerade den Raum für den Lehrinhalt, den das Warum und das Darum in ihrer logischen Zusammenstimmung als Lehrsystem entfalten können. Dagegen ist die Erwiderung "ohne Warum" eher die unmittelbare Negation der Frage selbst als eine Antwort. Und sogar noch mehr: Dieses "ohne Warum" als unmittelbare Negation der Frage zeigt zugleich unmittelbar in seiner Direktheit das Ohne-Warum-Sein Gottes. Diese Erwiderung "ohne Warum" läßt also dem Fragenden keinen Platz mehr für die Rückfrage an Gott und infolgedessen für die Entfaltung des Lehrsystems, weil in diesem "ohne Warum" der Abstand zu Gott positiv überwunden ist. Aufgrund der erreichten Gleichheit mit Gott im "ohne-Warum-Wirken" ereignet sich die Gottesgeburt in der Seele des Menschen, d. h. die Menschwerdung Gottes in dem betreffenden Fragenden. So lehrt Eckhart mit Recht: "(Nur) so wird der Sohn in uns geboren: wenn wir kein Warum kennen."[25]

So wirkt die Erwiderung "ohne Warum" positiv als überbrückende Kraft, den Fragenden aus der Fragestellung "warum" zu befreien und ihn direkt zur Sache selbst, die er mit der Frage "warum" in unangemessener

Weise zu erfassen versuchte, hinzuführen: direkt zur Sache selbst, d. h. dazu, daß sich die in Frage gestellte Sache, die Menschwerdung Gottes, im Fragen bei dem Fragenden selbst zeigt.

"Warum ist Gott Mensch geworden?" – "Ohne Warum." Dies läßt schon eher an Zen denken. In der Tat begegnet uns in den Zen-Beispielen oft dieselbe Erwiderungsart. "Seht ihr nicht?" Ein Mönch fragt Tai Bai (den Schüler des Patriarchen Baso, 8. Jahrh.): "Welchen Sinn hat das Kommen unseres Patriarchen aus dem Westen?" Tai Bai erwiderte: "Keinen Sinn!"[26] Diese Erwiderung "keinen Sinn" verneint die Frage nach dem Sinn des Kommens des Patriarchen selbst und auch den Standpunkt, auf dem der Fragende im Kommen des Patriarchen nach irgendeinem Sinn sucht und durch das Erfassen des Sinnes, d. h. das Be-sinnen, in die Wahrheit des Zen eingehen zu können glaubt.

So kann man zwischen Eckhart mit seinem Gedanken "ohne Warum" und dem Zen-Beispiel mit "keinen Sinn" eine Entsprechung wohl feststellen. Aber diese gemeinsame negative Erwiderung erreicht noch nicht den Ort, von woher Johshu auf die Frage nach dem Sinn des Kommens des Patriarchen erwidert: "Der Eichbaum im Vorgarten". Denn die Erwiderung in der Art der Negation, "ohne Warum" bzw. "keinen Sinn", bleibt in einem logischen Zusammenhang mit der gestellten Frage. Die Worte "ohne Warum" bzw. "keinen Sinn" gehören noch zur Sprache der Logik. Dic Negation als ein negativer Ausdruck ist also nicht immer imstande, die Stellung der Frage selbst, die gerade mit der Negation betroffen werden soll, tatsächlich zu verneinen. Der Fragende selbst kann nämlich die Erwiderung "ohne Warum" als eine Negation seiner Frage verstehen und sich so verhalten, während er spricht "ohne Warum", ohne seine eigene zu verneinende Stellung wirklich zu überwinden.

"Der Eichbaum im Vorgarten" – um uns dem Ort, von dem her Johshu seine Worte gesprochen hat, anzunähern, wollen wir ein weiteres Beispiel betrachten, das zwar auf der gedanklichen Grundlage des "ohne Warum" steht, aber konkret ist wie dasjenige "Der Eichbaum im Vorgarten", ein Beispiel nämlich, das, anstatt in der Sprache der Logik "ohne Warum" zu sagen, gerade das, was "ohne Warum" ist, tatsächlich vor-trägt.

"Die Ros' ist ohne Warum; sie blühet, weil sie blühet."[27] So lautet ein Gedicht von Angelus Silesius, einem Geisteserben Meister Eckharts und zugleich einem repräsentativen Dichter der deutschen Mystik. Die Rose von Angelus Silesius, wie sie "ohne Warum" ist, gehört aber nicht zur Natur, zu der für unser Bewußtsein gegenständlichen Naturwelt, denn ein anderes Gedicht von ihm lautet: "Die Rose, welche hier dein äußres Auge sieht, die hat von Ewigkeit in Gott also geblüht."[28]

Die Rose ist demnach in Gott gesehen. Da bricht die Rose durch die Naturwelt hindurch und blüht in Gott. Die Rose ist, in Gott blühend, d. h. als Gott blühend, "ohne Warum". Die Wendung "ohne Warum" darf nicht rhetorisch verstanden werden. Das Ohne-Warum-Sein der Rose gelangt in das Sein Gottes, und als Gott ist die Rose "ohne Warum". So konnte Angelus Silesius sagen: "Sie blühet, weil sie blühet". Darin lebt unmittelbar das Ohne-Warum-Leben Gottes. Die Rose, die in ihrem Sein bis zu Gott transparent ist, ist gerade dieselbe, die da mit dem Auge sinnlich wahrgenommen ist. Dabei ist die sichtbare, wahrnehmbare Wirklichkeit der Rose eine Konkretion des Lebens Gottes, wie es in sich blüht. Der in sich blühende Gott ist "Fleisch geworden" und hat sich so dem äußeren Auge gegeben.

Innerhalb der europäischen Geistesgeschichte ist nun eine solche Tendenz, die Natur, beispielsweise die Rose transparent in Gott und Gott in der Rose konkretisiert zu erblicken – gewöhnlich als Pantheismus bzw. Naturmystik bezeichnet – besonders von christlicher Seite angegriffen worden, da das Christentum darin eine Verwischung des entscheidenden qualitativen Unterschieds zwischen Gott und Kreatur sah, eine Verwischung, die dazu führe, die Kreatur zu vergöttlichen und auf diese Weise Gott seiner Gottheit zu berauben. So mußte sich Eckhart wegen des Verdachtes des Pantheismus in der Tat der Inquisition unterziehen. Der Gedanke, daß das Sein der Kreatur Gott selbst ist, stellt für ihn jedoch nichts anderes als die letzte Konsequenz des qualitativen Unterschieds zwischen Gott und Natur dar. Diescr Unterschied rührt für das Christentum aus der "creatio ex nihilo" her. Aus dem Nichts schaffen bedeutet, dem Nichts Sein zu geben. Gott als das Sein selbst verleiht dem Nichts Sein und schafft so die Kreatur. Man pflegt dabei an zweierlei verschiedenes Sein zu denken, nämlich an Gott und Kreatur, d. h. an das absolute Sein, das das Sein gibt, und an das relative Sein, das dem Nichts gegeben ist.

Nun konnte Eckhart gerade wegen der Aufrechterhaltung des Gedankens, der der christlichen Auffassung der "creatio ex nihilo" zugrunde liegt, des Gedankens, daß es außerhalb Gottes nichts gibt, die gewöhnliche Annahme von zweierlei verschiedenem Sein nicht teilen. Für ihn ist die creatio als solche, außerhalb Gottes gesehen, ein reines Nichts, da es außerhalb Gottes nichts gibt. Etwas, das nicht Gott ist, ist in Wahrheit nicht etwas, sondern ein reines Nichts. So können nach Eckhart "Gott" und "Natur" nicht nebeneinandergestellt werden. Neben Gott ist die Natur nicht ein zweites Sein, sondern eben ein reines Nichts. Die Kreatur ist ein reines Nichts (unum purum nihilum): Dies ist das erste Wort Eckharts über die Welt bzw. die Natur. Wenn die Kreatur ist, ist ihr Sein Gott selbst. Für Eckhart ist das Sein, das sich selbst gibt, und das Sein, das dem Nichts gegeben ist, ein und dasselbe Sein, d. h. Gott. Dementsprechend sagt er: "Nimmt man eine Fliege in Gott, so ist die edler in Gott als der höchste Engel in sich selbst ist. Nun sind alle Dinge in Gott gleich und sind Gott selbst."[29]

Diese beiden Seiten, daß die Kreatur als solche ein reines Nichts ist und daß sie, insofern sie ist, in Gott und als Gott ist, stellen die doppelte Konsequenz davon dar, daß es außerhalb Gottes nichts gibt; sie sind dynamisch untrennbar verbunden und bilden einen dynamischen Zirkel. Wenn es sich um die Welt als solche handelt, so soll sie der Mensch als ein reines Nichts sehen. Indem er die Welt als ein reines Nichts sieht, sieht er Gott und zugleich in Gott die Welt, und zwar als Gott. "Die Rose ist ohne Warum, sie blühet, weil sie blühet." Die Kreatur als ein reines Nichts sehen bedeutet für den Menschen, der die Rose so sieht, daß er der Kreatur und seiner selbst entäußert ist. In der abgeschiedenen Seele eines solchen Menschen gebiert Gott, nach Eckhart, seinen eingeborenen Sohn und erhebt diesen Menschen als Sohn Gottes in sich selbst.

Zu unserem Vergleich mit dem Zen kann man folgendes als Frage und Antwort zusammenstellen:

"Warum ist Gott Mensch geworden?" – "Die Rose ist ohne Warum".

Das erinnert uns an das andere: "Welchen Sinn hat es, daß der Patriarch vom Westen her kam?" – "Der Eichbaum im Vorgarten".

In diesen beiden Beispielen geht es gleicherweise um ein Konkretes, das wir beidemal als ein Naturding in unserem Alltag empirisch wahrnehmen können – Rose bzw. Eichbaum –, und zwar beidemal als Erwiderung auf die Frage nach dem Sinn des anfänglichen Grundgeschehens, nach der Ist-heit der letzten Wirklichkeit im Abendland und im Morgenland. Die Konkretisierung "Rose" heißt die konkrete Verkörperung des Ohne-Warum-Seins Gottes. So wird hier nicht mehr, wie wir oben gesehen haben, mit dem "ohne Warum" in der Sprache der Logik erwidert, sondern das Selbst, das gerade "ohne Warum" ist, ist in seiner Konkretion als Erwiderung unmittelbar gezeigt. Diese Konkretion ist nach der zenbuddhistischen Auffassung der entscheidende Sprung vom Logisch-Idealen zum Real-Konkreten. Auf die Frage nach dem Sinn der Fleischwerdung Gottes erscheint Gott unmittelbar in seiner Fleischwerdung, d. h. hier die "Rose" als Erwiderung, wobei der Kernpunkt zwischen Frage und Antwort darin besteht, daß der so mit der "Rose" Antwortende selbst als Sohn Gottes eine Fleischwerdung Gottes ist. Hier öffnet sich die Welt des Real-Konkreten.

Das Ohne-Warum-Sein Gottes zeigend, verneint die Erwiderung "ohne Warum" zugleich die Fragestellung "warum". Diese Negation ist aber eine Negation in Worten, d. h. ein negativer Ausdruck, der sich noch in derselben Dimension mit der Fragestellung selbst bewegt. Wenn dagegen auf die Frage "Warum ist Gott Mensch geworden?" unvermittelt erwidert wird "Die Rose ...", dann ist es ein realer Stoß gegen die Dimension, in der die Frage "Warum Gott ...?" gestellt bleibt, eine Tat der Negation oder eine tatsächlich vollzogene Verneinung, ein Sprung von dem Logisch-Idealen zu dem Real-Konkreten.

"Welchen Sinn hat es, daß der Patriarch vom Westen her kam?" – "Der Eichbaum im Vorgarten". Wenn auf die Frage "Warum ist Gott Mensch geworden?" bloß "Die Rose da" erwidert würde, wäre die vollkommene Entsprechung zu jenem Zen-Beispiel erreicht. Die Antwort "Die Rose ist ohne Warum" müßte einfach in "Die Rose" abgeschnitten werden. Was würde *dann* mit diesem Abschneiden geschehen in der Grundbeziehung zwischen Gott und Naturding, Mensch und Gott wie auch zwischen dem erfragten Sinn nach dem anfänglichen Grundgeschehen und dem danach Fragenden in Hinblick auf seine Werheit, die sich in der Fragestellung, den zunächst vorläufig rein formal gegebenen Sinnhorizont "erfüllend", in der existenzial-ontologischen Sinnbestimmtheit und Sinnartikulierbarkeit des Fragenden erschließen soll? Was würde aber dann das zur einfachen "Rose" Hinzugefügte, das "Ist-ohne-Warum" bedeuten? Welches Problem würde dieses Hinzufügen bergen, ja, was an diesem Bergen würde durch das Abschneiden als Problem sichtbar werden, wenn der Antwortende das Prädikat, das "Ist-ohne-Warum", wirklich abschneidet? Noch mehr, wann würde im Grunde das "ist" von "Ist-ohne-Warum" fragwürdig, und wann würde es vom Antwortenden in seiner Werheit und in seinem "Sein" als Frage konkret gestellt werden?

Das Problem des zur bloßen "Rose" Hinzugefügten, das "Ist-ohne-Warum", können wir so charakterisieren:

1. Gott erscheint im "Ist-ohne-Warum" noch in göttlicher Gestalt des Ohne-Warum-Seins, und diese Erscheinung Gottes ruft die Zweiheit von Gott und Natur hervor, auf deren Hintergrund das Einssein von Gott und Rose als Naturmystik erscheinen muß. Dabei ist Gott, wie er in der Gestalt des "Ist-ohne-Warum" erscheint, noch nicht Gott selbst, wie er in sich selbst ist, denn Eckhart verlegt das Wesen bzw. den Grund Gottes hinter den trinitarischen Gott in das Nichts. Gott entwird ins Nichts, das heißt für Eckhart, Gott kehrt zu seinem untrennbaren, unaussprechbaren, weiselosen Grund, zu seinem Un-Grund zurück und birgt alles in seinen Un-Grund mit zurück.

2. Das Hinzugefügte, das "Ist-ohne-Warum" sind menschliche Worte, ein Prädikat von Menschen über Gott und das Sein der Rose als Gott. Hier waltet wieder eine Zweiheit, Mensch und Gott bzw. Mensch und Rose. In dem "Ist-ohne-Warum" als menschlichem Prädikat drückt sich das menschliche Hinzudenken zu Gott und zum Sein der Rose als Gott aus. Das Hinzugedachte wird dabei zur letzten Verhüllung und Überschattung des undenkbaren lauteren Seins Gottes, und die menschlichen Worte darüber werden zum Gerede. Der Mensch, wie er Gott mit dem "Ist-ohne-Warum" prädiziert, ist noch nicht in seinen wahren Ursprung eingekehrt.

Diese beiden Punkte haben ihre gemeinsame Wurzel darin, daß zur einfachen "Rose" das "Ist-ohne-Warum" hinzugefügt ist. Hinzufügung geschieht aber im Grunde nur dort, wo es von vornherein eine Zweiteilung gibt, d. h. wo das Ur-Eine schon ur-geteilt bleibt. Da schon eine Zweiheit diesem Ur-Einen gegenüber gesetzt ist, erscheint in diesem "gegenüber" einerseits die Rose als Natur, und andererseits weist das "ohne-Warum-Sein" auf das Sein Gottes hin, und zwar so, daß dieses "Ist-ohne-Warum" das prädizierende Wort des Menschen ist, Gott "gegenüber" und auch der Rose "gegenüber", die in Gott gesehen ist.

So bedeutet das Abschneiden des "Ist-ohne-Warum": 1) das vollkommene Entwerden Gottes ins Nichts, d. h. die Rückkehr Gottes in seinen Un-Grund, 2) das vollkommene Schweigen des Menschen über Gott, d. h. Absterben des sprechenden Menschen entsprechend der Rückkehr Gottes in seinen unsagbaren Un-Grund und 3) somit die Überwindung der Zweiheit im doppelten Gegenüber von Gott und Natur, von Mensch und Gott, als vollkommenes Verschwinden Gottes, d. h. die spurlose Rückkehr Gottes zum Ureinen, und zwar über das Nichts, als vollkommenes Verschwinden Gottes und als vollkommenes Absterben des Menschen.

In einem "großen Sterben", wie es im Zen heißt, in einer "Wüste" wie bei Eckhart geschieht eine vollkommene Selbstentäußerung im Menschen. Diesen Sachverhalt nennt Zen "ein doppeltes Vergessen" oder "die vollkommene Vergessenheit": Der Mensch vergißt seiner selbst und des Absoluten – das Absolute vergißt seiner selbst und des Menschen. Diese "vollkommene Vergessenheit" wird im

Zen durch einen Kreis versinnbildlicht, dessen Innenraum völlig leer ist.[30] In diesem lauteren Nichts, in das Gott und Mensch zusammen entwerden, wird die Rose auch vollkommen zunichte.

Endlich befinden wir uns jetzt an dem Ort, von dem aus die Entsprechung zu "Der Eichbaum im Vorgarten" zu erlangen ist. Von dem "Die Rose ist ohne Warum" ist das hinzugefügte "ist ohne Warum" abzuschneiden. Da ist ein lauteres Nichts, in das Gott, Mensch und Rose zusammen entworden sind. Wenn es heißt "Die Rose!", geht es also um die Verkörperung des Nichts.

"Warum ist Gott Mensch geworden?" – "Die Rose da!" "Welchen Sinn hat es, daß der Patriarch vom Westen her kam?" – "Der Eichbaum im Vorgarten!"

Gelangt aber Eckhart wirklich bis zu dieser Entsprechung? Nun kommt der "Durchbruch" bei ihm diesem Abschneiden gedanklich gleich: Indem der Mensch sich selbst läßt, wie er mit Gott vereint ist, und so in Gott wohnt – äußerste Selbstentäußerung des Menschen und im Menschen –, bricht er durch Gott hindurch bis zum Nichts, zum wahren weiselosen und unsagbaren Un-Grund Gottes und zugleich zu seinem, dem Un-Grund des Menschen. Eckhart stimmt zwar so in dem Motiv des Abschneidens mit dem Zen überein, er gelangt aber nicht dahin, sich am äußersten Ende der Negation, der äußersten Selbstentäußerung, dem Einfach-Schlichten, der "Rose" allein, zuzuwenden. Wenn er von der Negation zur Bejahung umkehrt, so kommt er in Gott und mit Gott zur Bejahung zurück, er kommt nicht direkt zur schlichten Bejahung der Rose, sondern nur auf dem Umweg über Gott.

Das hängt mit der Auffassung des Nichts (des Wie der Verstehensweise) und der Vollzugsart der Negation (des Wie der Verhaltensweise) zusammen. Wenn Eckhart sagt: Gott entwird, nennt er das Nichts, in das Gott entwird, "Gottheit". Das besagt aber, daß er das Nichts immer von Gott her als den Grund Gottes erfährt, nicht das Nichts als solches, wenn ich so sagen darf, wie dies bei Heidegger der Fall ist. Dieser hat innerhalb der abendländischen Philosophie zum ersten Mal dieses Nichts als solches, von unserer alltäglichen Sprache und von der Frage "Was ist das Nichts?" ausgehend, phänomenologisch sichtbar gemacht, als er die letzte ontologisch-metaphysische Grundfrage stellte: "Warum ist überhaupt Seiendes und nicht vielmehr Nichts?"[31] Das Nichts Eckharts, in das Gott entwird, läßt aber als solches nicht mehr zu, es von Gott her als Gottheit zu bestimmen. Eckhart sagt nicht das "Nichts", wie es im Zen geschieht, sondern: "Got ist ein niht"[32] (Gott ist ein Nichts). Hier müssen wir einen entscheidenden Unterschied feststellen, den es noch strenger herauszuarbeiten gilt.

Was ist Gott? Eckhart erwidert: Gott ist (in seinem Wesen) ein Nichts. Wenn gesagt wird: Gott ist ein Nichts, so bezieht sich das Nichts zwar auf das "Was"-Sein Gottes, aber nicht so, daß Gott in sich selbst ein Nichts wäre, sondern die Negation, die im "Nichts" zum Ausdruck gebracht ist, richtet sich auf den Menschen, auf die menschliche Aussage: Gott ist ein Nichts. Gott ist, und zwar als ein Nichts, d. h. ein Nichts für den Menschen. Gott ist damit in der Frageform "Was ist Gott?" nicht in Frage gestellt, in der Antwort "Gott ist ein Nichts" von dem "Nichts" nicht angetastet. Das Nichts stellt in diesem "Frage- und-Antwort"-Verhältnis einen Inbegriff der Negation aller möglichen Beziehungen dar.

Hören wir Meister Eckharts Worte, die am Ende seiner Predigt stehen: "Gott ist nichts; nicht so, daß er ohne Sein wäre: er ist (vielmehr) weder dies noch das, was man auszusagen vermag – er ist ein Sein über allen Sein (Plur.). Er ist ein weiseloses Sein. Darum muß die Weise, mit der man ihn liebhaben soll, weiselos sein, das heißt: über alles hinaus, was man zu sagen vermag."[33] "Gott ist ein Nichts" – das heißt also, Gott ist, und zwar als ein Nichts für den Menschen. So waltet hier wiederum eine doppelte Zweiheit: Sein und Nichts, Gott und Mensch. Hier liegt der abgrundtiefe Unterschied zwischen Meister Eckhart und Zen.

"Was ist Gott?" –
Meister Eckhart erwidert: "Gott ist ein Nichts!"
"Was ist Gott?" –
Ein Zen-Meister würde antworten: "Nichts!"

ZWEITER TEIL

Die Frage nach dem Nichts, die die untere Grenze der Transzendenz erschließt

趙州因みに僧問う，
狗子に還って仏性ありや
也無しや。
趙云く，無。

“Ein Mönch fragte einmal Meister Johshu: ‘Hat ein Hund die Buddhaheit oder nicht?’ Meister Johshu antwortete: ‘Mu (Nichts)!’”

Dieser Text stammt wieder aus der Koan-Sammlung “Die torlose Schranke” von Meister Mumon. Neben dem Koan Nr. 37 “Der Eichbaum im Vorgarten” ist das Koan Nr. 1 “Johshus Mu” sehr bekannt, wird dabei als das schwierigste Koan angesehen und auch heute in Japan, in den Zen-Klöstern der Rinzai-Zen-Schule, am meisten geübt. Viele Meister und Laien haben gerade an diesem Koan die Erleuchtung erlebt. Dieses schwierigste Koan kommentiert der Verfasser Meister Mumon mit großer Leidenschaftlichkeit und ermutigt uns Zazen-Übende, nicht bloß Zen-Bücher Lesende, mit schmerzlicher Freundlichkeit:

“Beim Zen-Studium müssen die von den alten Zen-Meistern aufgebauten Sperren durchbrochen werden. Man muß seinen unterscheidenden Geist auslöschen, wenn man unvergleichliches Satori erlangen will. Diejenigen, die nicht die Sperre durchschritten und den unterscheidenden Geist nicht ausgelöscht haben, sind alle Gespenster, die in Bäumen und Pflanzen spuken. Nun sage mir: Was ist die Sperre der Zen-Meister? Eben dieses ‘Mu’

– das ist die Schranke des Zen. Es wird daher 'die torlose Schranke des Zen' genannt. Diejenigen, die die Schranke überwunden haben, werden nicht nur deutlich Johshu sehen, sondern werden Hand in Hand gehen mit allen Meistern der Vergangenheit, sie von Angesicht zu Angesicht sehen. Du wirst mit dem gleichen Auge sehen, mit dem sie sehen, und hören mit dem gleichen Ohr. Wäre das nicht wunderbar? Willst du nicht die Schranke überwinden? Dann konzentriere dich mit deinen 360 Knochen und 84000 Poren auf dieses 'Mu' und verwandle deinen ganzen Leib in ein großes Suchen. Tag und Nacht arbeite eifrig daran. Versuche keine nihilistischen oder dualistischen Deutungen. [...] Lösche dein illusorisches, unterscheidendes Wissen und deine bisher angesammelten Kenntnisse vollkommen aus und arbeite noch härter. Nach einer Weile wird dein Mühen Früchte tragen, werden alle Gegensätze (wie z. B. drinnen und draußen) auf natürliche Weise identifiziert werden. [...] Plötzlich durchbrichst du die Schranke. Du wirst den Himmel in Staunen versetzen und die Erde erschüttern. [...] Du tötest den Buddha, wenn du ihm begegnest. Du tötest die alten Meister, wenn du sie triffst. Am Rande von Leben und Tod wirst du gänzlich frei, [...] und du lebst in großer Freude ein wahres Leben in vollkommener Freiheit. Wie soll man nun darum kämpfen? Mit aller Macht arbeite an diesem 'Mu' und *sei* 'Mu'. Wenn du nicht aufhörst in deinem Kampf und nicht wankst, dann wirst du sehen, wie die Dunkelheit sich sogleich erhellt, wenn die Dharma-Kerze brennt."[34]

Um "anders denken?" konkret zu vollziehen, um in jedem von uns den Sinnhorizont in unserer Sinnbestimmtheit und Sinnartikulierbarkeit vorläufig formal freizulegen und vor allem um den Ort, von woher Meister Johshu "Der Eichbaum im Vorgarten" geantwortet hat, ins Blickfeld zu bekommen, haben wir den langen, aber notwendigen Weg eines Vergleiches mit Meister Eckhart eingeschlagen.[35] Dabei haben wir die zwei einander entgegengesetzten Probleme in seinem Gottesverständnis herausgehoben: 1) "ein Nichts" wie auch "ein Sein" als Gottesprädikat, 2) "unsagbar" als menschliche Prädikationssetzung für das Gottesprädikat. Dabei haben wir zwei Probleme in der doppelten Zweiheit gegründet gesehen, nämlich einerseits "Sein und Nichts" und andererseits "Gott und Mensch". Der dynamische Zirkel, der gerade von dieser doppelten Zweiheit hervorgerufen wird, ist für das Denken Eckharts ohne Zweifel charakteristisch, wie Rudolf Otto und C. G. Jung bemerkt haben, und gegen die traditionelle Auslegung des Christentums und der Naturmystik abzuheben.

Unser gemeinsames Übungsthema "anders denken?" hat zu Beginn der Untersuchung sein Fragen nach dem Sinn von Zen vorläufig rein formal gestellt und die Wesenszusammengehörigkeit und die Wesensgetrenntheit des Wie unserer Verstehens- und Verhaltensweise genannt, welche beide sich, den Sinnhorizont "bildend", in unserer Sinnartikulierbarkeit und Sinnbestimmtheit bewegen. Ein und dasselbe Fragen nach dem Sinn von Zen teilt sich in der wirklichen Fragestellung in die zweifache Frage: einerseits in die Frage nach der Ist-heit der letzten Wirklichkeit des Zen und andererseits in die Frage nach der Werheit des Fragenden in seinem "Sein". Durch diese vorläufig rein formale Differenziertheit, die letztlich durch die *universal-ontologisch differentiale Indifferenz* zusammenschmelzen müßte, wie sie Heidegger mit der ontologisch-metaphysischen Grundfrage "Warum ist überhaupt Seiendes und nicht vielmehr Nichts?" auszuschwingen versuchte, tritt gerade mit dem Problem des "Nichts" der zunächst vorläufig rein formal gegebene, jene beiden Fragen in der existenzial-ontologischen Sinnbestimmtheit und Sinnartikulierbarkeit stellende Sinnhorizont bezüglich seines *Inhalts und Umfangs* dynamisch *in Erscheinung*, und zwar in seiner Ganzheit, d. h. in bezug auf diese differentiale Indifferenz.

Im Fall der oben genannten doppelten Zweiheit bei Eckhart geht es um die Verfehlung der vorgängigen Ausarbeitung der Grundverfassung dieses Sinnhorizontes und der Sinnbestimmtheit und Sinnartikulierbarkeit, auf den seine anfängliche Frage "cur deus homo?", von der Frage nach der Werheit des danach Fragenden in seinem "Sein" ausgehend, hätte gerichtet werden müssen. Anders gesagt: Die letzte doppelte Zweiheit ergab sich für Eckhart konsequenterweise daraus, daß er sich der Differenz der beiden Wie der Verstehens- und Verhaltensweise der Fragestellung "cur deus homo?" und der Frage nach der Werheit des danach Fragenden in seinem "Sein" gar nicht bewußt war. Denn in diesem "Wie", von dessen vorläufig formaler Differenz her der Sinnhorizont und somit auch Sinnbestimmtheit und Sinnartikulierbarkeit ausgebildet werden sollen, sind von vornherein alle Möglichkeiten der Fragestellung nach dem "Was" und "Wer" durchbrochen und destruiert. Eine weitere entscheidende Einsicht, die ihm verhüllt geblieben war, werden wir im folgenden zu gewinnen versuchen.

Dann müssen wir jetzt fragen: Wann und wie wird uns diese Differenz als solche, mit Eckhart gesprochen, der Ort dieser Zweiheit als solcher, die durch sein Verständnis des "einen Nichts" hervorgerufen wurde, sichtbar, d. h. artikulierbar? Die Antwort darauf lautet vorweggenommen so: Die *Werheit* des nach der Ist-heit der letzten Wirklichkeit Fragenden, die, auch den Sinnhorizont "bildend", gerade in der Sinnartikulierbarkeit und Sinnbestimmtheit des Fragenden in seinem "Sein" erschlossen werden soll, müßte in dem "Sein" des Fragenden in eins mit dem "Mu" vollkommen verneint werden. Erst durch diese vollkommene Verneinung kann der zunächst vorläufig rein formal gegebene Sinnhorizont, in dem die Frage des "Wie" zweifach gestellt wurde, *paradoxerweise* in der Sinnbestimmtheit und Sinnartikulierbarkeit *entformalisiert*, d. h. "erfüllt" und dadurch erst diese Differenz *als solche*, d. h. in ihrer *Ganzheit* sichtbar (artikulierbar) werden. In diesem Augenblick schmilzt der Sinnhorizont bzw. Bedeutungszusammenhang ontologisch-existenzial in die Sinnbestimmtheit und Sinnartikulierbarkeit völlig zusammen, und diese Differenz wird gerade auf diese Weise in ihrer Ganzheit sichtbar (artikulierbar). Wo diese Ganzheit als unbestimmbar ontologisch artikuliert oder als ontologisch unartikulierbar bestimmt wird und wo Heidegger selbst, "angerufen von der Stimme des Seins",[36] in der auf diese Weise artikulierbar gewordenen *ontologischen Artikuliertheit* ausgesprochen hat: "das Wunder aller Wunder: Daß Seiendes ist",[37] wird die Frage nach dem "Sein" im Fragenden im ganzen, d. h. in seinem "Sein" ausdrücklich gestellt, und zwar, wenn man will, gleichursprünglich mit derjenigen nach dem "Nichts": Was ist das Nichts?

Johshus "Mu", welches wir in dem zunächst vorläufig rein formal gegebenen Sinnhorizont mit dem Begriff "Nichts" übertragen haben, wandelt sich in der existenzial-ontologischen Sinnbestimmtheit und Sinnartikulierbarkeit des nach dem Sinn des Zen Fragenden durch die intensive Zazen- und Koan-Übung, wobei die letztere als Wortgeschehen nur zwischen Meister und Schüler stattfindet, zu einem "Nein!" ab und dieses einfache "Nein!" zu dem einfacheren Klang des Ausatmens "Mu", wo man sich jener Getrenntheit zwischen Verstehens- und Verhaltensweise nicht mehr bewußt ist. Diese Verwandlung unserer Verstehensweise des "Mu" und unserer Verhaltensweise, wie man dem Meister das "Mu" zeigen soll, zumal er uns Übende drängt: "Sag! Sag! 'Mu'! Zeig! Zeig! 'Mu'!", geschieht nur im Wie unseres "Mu"-Verständnisses bzw. "Seins"-Verständnisses inmitten des Zazen, des Sitzens in Meditation auf dem Boden, die Wirbelsäule aufrecht, mit übereinandergeschlagenen Beinen.

"Mit übereinandergeschlagenen Beinen in Meditation sitzen" heißt eine psychosomatische Haltung, durch die eine natürliche zentrifugale Tendenz unseres Bewußtseins in die gegensätzliche, zentripetale Richtung gewendet werden kann, bis das vermeintliche "Ich" bezüglich seines "Seins" endlich in Verwirklichung der Ist-heit der letzten Wirklichkeit, und zwar "primär" in der zu entwerfenden Sinnartikulierbarkeit, aufgeht. Zen behauptet, daß diese psychosomatische Haltung unumgänglich ist für diese Verwirklichung der wahren Selbstheit, die das Selbst als solches *so* erschließt, *wie es ist.* Denn das wahre Selbst kann niemals durch einen rein gedanklichen Prozeß, sei es durch Vorstellung, Einbildung oder deduktives Denken, erlangt werden. Diese bestimmte Körperhaltung bringt uns am radikalsten in den Zustand des Durchbruchs, in den Zustand der vollkommenen Verneinung des "Ich" in seinem "Sein", dem nicht ausdrücklich nachgefragt wurde, von dem aber die Frage "cur deus homo?" ausgegangen ist. Diese Körperhaltung bewirkt in der Tat, daß der Schwerpunkt des Körpers in den Unterleib verlagert wird, so daß die ganze Haltung ein Gefühl von Bodenhaftigkeit vermittelt, so als sei man Bestandteil des Bodens, auf dem man sitzt.

Die Frage, das Gefragte und der Fragende in seinem "Sein", alles in einem ist im Zazen mit dem "Mu" radikal verneint, während der Boden der Fragestellung und des Fragenden zum Durchbruch gekommen ist, d. h. während der zunächst vorläufig rein formal gegebene Sinnhorizont "primär" in der existenzial-ontologischen Sinnbestimmtheit entformalisiert ist. Dieses "Mu" entzieht der Zweiheit, wie wir bei Eckhart gesehen haben, jenes, was diese Zweiheit als solche bestimmt, und läßt keinen Platz mehr übrig, wo man sagen könnte, daß dieses, was diese Zweiheit als solche bestimmt, "das Eine", "ein Nichts" oder "ein Sein" ist. Das Aussagen der Einsicht, daß Johshus Wort "Mu" nur ein Klang war und alles andere nur die nachträglich hinzugefügten Interpretationen waren, kann nie das Selbst, das gerade dieses "Mu" genannt wird, zeigen.

Wir müssen an dieser Stelle die Worte des Meisters Mumon noch einmal hören: "Mit aller Macht arbeite an diesem 'Mu' und *sei* 'Mu'!". Wenn das Selbst, das das "Mu" genannt wird, wirklich sich selbst in uns im ganzen offenbart, d. h. "primär" in unserer Sinnartikulierbarkeit artikuliert, taucht nicht mehr eine Erklärung über dieses "Selbst" auf, wie wir sie zu Beginn unserer Untersuchung bei C. G. Jung gesehen haben: "Satori ist ein Durchbruch eines in der

Ich-Form beschränkten Bewußtseins in die Form des nicht-ichhaften Selbst."

Es ist auch keine Vision mehr in dem Sinne, wie sie C. G. Jung in seinem Geleitwort zu dem Buch "Die große Befreiung" von Daisetz T. Suzuki als mystische Visionen der Erleuchtungserfahrung aufzählt,[38] z. B. "der kleine nackige Bube" (Meister Eckhart), "Mann im roten Mantel" (Swedenborg) und "mittels des im Zinnteller reflektierten Sonnenstrahls einen Blick in centrum naturae zu tun" (Jakob Böhme) – allesamt Visionen, die nach C. G. Jung "schwierig zu digerieren" sind. Geht man von diesen Visionen aus, scheint mir diesen Mystikern gerade die konkrete Körperhaltung, das Zazen mit übereinandergeschlagenen Beinen auf dem Boden, zu fehlen.

Gestatten Sie mir, zu erzählen, warum ich diese Visionen der Mystiker und C. G. Jungs Verständnis dieser Visionen so kritisch beurteile. Diese Visionen haben mit dem "Inhalt des Satori" (C. G. Jung) überhaupt nichts zu tun, und sie können nicht die Frage nach der Ist-heit der letzten Wirklichkeit des Zen beantworten. Wie weit stehen sie alle von "Der Eichbaum im Vorgarten" von Meister Johshu entfernt! Eine Vision, die in ihrer Art diesen Visionen der Mystiker vielleicht entspricht, habe ich selbst erlebt. Ich befand mich gedanklich in einer völligen, wegelosen Dunkelheit, so daß ich gerade noch zu entscheiden wagte: Soll die mir fragwürdig gewordene Frage "Wer ist der Mensch, der nach dem Sinn Gottes fragt?" ausgearbeitet werden, so könnte ich mich ihr nur durch die Frage "Wer bin ich, die nach dem Sinn Gottes fragt?" nähern. Nach dieser Entscheidung waren inzwischen einige Jahre vergangen, in denen ich philosophische wie auch literarische Werke gelesen habe in bezug auf die Frage "Wer bin 'Ich'?", die doch bei jedem Denker und bei jedem Schriftsteller verborgen vorhanden sein mußte.

Mich überkam eine Vision mitten während des Schreibens, als ich in Japan an einer Abhandlung über Heidegger arbeitete. Als ich so weit schrieb: "Wer bin ich?" – "Ich bin ich bin ich bin ich bin ...", konnte ich diesen Satz nicht mehr abschneiden. Diese anscheinend unendliche Kette meines "Ichs" hätte mich beinahe erwürgt. Es war Winter, zu mitternächtlicher Stunde, und drei Lampen spendeten helles Licht. In diesem Augenblick von "hätte mich beinahe erwürgt" ist plötzlich alles um mich her dunkel geworden, und in dieser Stockfinsternis konnte ich nichts mehr sehen. Gleich darauf gewahrte ich jedoch einen kleinen Lichtschimmer auf dem weiten dunklen Horizont. Was für ein Licht? Dieses Licht ist mir nun auf einmal in zwei Teile und diese wieder in vier Teile und diese in mehrere Teile getrennt erschienen. Ich mußte genau sehen. Die Lichter kamen durch die geöffneten Fenster des dunklen Schlosses auf dem Hang eines hohen Berges unter dem stockfinsteren Himmel – ich hatte damals die Vorliebe, mir eine Sammlung von Fotos europäischer Schlösser anzulegen. Diese Lichter näherten sich mir mit dem dunklen, massiven Schloß in ungeheurer Geschwindigkeit. “Oh, ich muß fliehen, sonst würde ich von diesem Schloß erdrückt werden und müßte sterben!” Doch ehe ich entfliehen konnte, sind das Schloß und ich zusammengestoßen. Ich entschloß mich zu sehen bis zum letzten Ereignis, komme, was da wolle. Im nächsten Augenblick sah ich mich auf der Treppe im Schloß. Ich wollte nicht auf ihr hochsteigen. Es schien mir, als ob das Schloß selbst mich ganz durchdringen wollte. Ich war gezwungen, auf der Treppe ins Dachzimmer zu laufen. Die Tür öffnete sich, und ich sah mitten im Zimmer einen Sarg stehen. Mit letzter Kraft stieß ich den Deckel auf. Was ich da im Sarg erblickte, war mein eigenes Gesicht, mein bleiches Totengesicht, das mir entgegen starrte! Ich war so erschrocken, daß ich aufgeschrieen habe: “Ich bin *ich*! Ich habe gesehen!”. Genau in diesem Augenblick entzogen sich allen Wörtern die Bedeutungen, und alles, somit auch der Bedeutungszusammenhang der Dinge, ist in eins mit meinem “Ich” gefallen. Als ich wieder, vielleicht nach ein paar Minuten aufwachte, hatte ich diese “Vision”: “Ein großer blauer Kreis am aufgeklärten Himmel, und ich sitze allein auf diesem blauen Kreis”.

Gleich darauf habe ich nur ein einziges Buch in die Hand genommen: “La Nausée”, “Der Ekel” von J. P. Sartre, mit dem Motto: “Dieser Kerl hat keinen Wert für die Gemeinschaft, er ist einfach nur ein Individuum.”[39] Es war zum dritten Mal, daß ich diesen Roman las. Dieses Mal aber mußte ich ihn so schnell wie möglich durchlesen und habe verstanden: Mein Erlebnis ist ja genau das, was J. P. Sartre auch erfahren hatte: "[...] ich ersticke: von überallher strömt die Existenz auf mich ein, durch die Augen, durch die Nase, durch den Mund ... Und mit einem Male, mit einem Schlag zerreißt der Schleier, ich habe verstanden, ich habe *gesehen.* [...] Die Worte waren versunken, und mit ihnen die Bedeutung der Dinge, ihr Verwendungszweck, die schwachen Zeichen, die ihnen die Menschen eingeritzt haben."[40] Es gibt kein "grünes Meer", das ich früher als vorhandenseiend annahm und von dem ich sagte: Das grüne Meer *ist* da oder "das Meer *ist* grün; dieser weiße Punkt da oben *ist* eine Möwe".[41]

Das Ungeheuere bei mir war, daß ich gleich nach dieser existenziellen Erfahrung, die ich in Hinblick auf den Helden von Sartres Roman "Antoine Roquentin" als meine "Roquentin"-Erfahrung bezeichnete, an keinem, insbesondere an keinem abstrakten, "metaphysischen" Wort mehr eine Bedeutung ablesen konnte und daß mir die Schriftzeichen der Bücher und Zeitungen nur gedruckte Flecken auf dem Papier waren. Was ich in diesem Zustand lediglich machen konnte, war, Klavier zu spielen, musikalische Tonzeichen auf dem Klavier wiederzugeben: nicht mehr Beethoven, nur Chopin. Mein Körper begann jedesmal zu zittern, wenn ich weißes Papier und Bleistifte zum Schreiben sah. Dieser Zustand hat etwa drei Monate lang gedauert. Welche Einsamkeit!

Wie könnte man da "weißes Papier" für

eine Beschreibung und für die Anmessung des Begriffes an die Anschauung heranziehen: "Ich sehe weißes Papier und sage weißes Papier, damit drücke ich, genau anmessend, nur das aus, was ich sehe. Ebenso bei ganzen Urteilen. Ich sehe, daß dieses Papier weiß ist, und genau dies drücke ich aus, ich sage aus: dies Papier ist weiß"?[42]

Was ist Wirklichkeit? Wozu habe ich bis heute so viele Bücher gelesen, so viel geschrieben und so viel selbst gedacht? Weil ich das Gottesprädikat gesucht habe? Weil ich bei der Suche nach dem Gottesprädikat ausgerechnet die Frage "Wer bin ich?" als die Frage nach der Werheit dieses nach dem Gottesprädikat Fragenden gestellt habe? Wozu? Gott hat sich aus seiner Bedeutung entzogen! Gott war nur ein Wort, nur vier Buchstaben, mehr nicht!

Weh mir, wo nehm' ich, wenn
Es Winter ist, die Blumen, und wo
Den Sonnenschein,
Und Schatten der Erde?
Die Mauern stehn
Sprachlos und kalt, im Winde
Klirren die Fahnen.[43]

Ich mußte anfangen, in mir irgendeinen anderen Horizont freizulegen, wo diese Einsamkeit überwunden werden sollte. Aber wo? Noch einmal von Anfang an! Noch einmal von Anfang an mußte ich beginnen, während ich von dem, was mir noch übriggeblieben war, ausging. Zunächst mußte ich die einfache und unscheinbare Tatsache akzeptieren, daß ich einen Körper habe, der zittert. Mein Körper – es war für mich ein neuer Zugang, die Sprache meines Körpers, die ursprüngliche Sprache meines Seins im ganzen irgendwie freizulegen.

Es ging mir zunächst beim Erlernen des Bogenschießens, zu dem mich das Buch "Bogenschießen und Zen – Die Tagebücher eines Suchenden"[44] von einem erstrangigen Schüler des Bogenschießens, Masaji Nakanishi, bewog, und dann im Zazen um die Frage: Wie kann ich die vollkommen in sich abgeschlossene Identitätsaussage "Ich bin ich" als solche, d. h. in ihrer Ganzheit, von ihr selbst her verschwinden lassen? Wie kann ich, das fragende Ich bei dieser Identitätsaussage "Ich bin ich", von dem anderen, auch fragenden, ja fragend in das fragende Ich miteinbezogenen Prädikat Ich her dieses, das fragende Ich, ein- und überholen? Kurz, wie kann das Prädikat Ich gerade das Subjekt Ich ein- und überholend verschmelzen in der Blickrichtung auf das Woraufhin, von woher die erste Frage "Wer bin ich?" entsprang – analog der Vorstellung, wie eine Schlange ihren Schwanz bis auf das letzte Stück abbeißt? Was könnte und wie könnte dies in dem kleinen Wörtchen "bin" geschehen? Und was soll jener große blaue Kreis am aufgeklärten Himmel, auf dem ich allein saß, bedeuten? Es müßte geschehen und dann ein letzter Schimmer Einsamkeit von selbst verschwinden.

Mit dieser Darstellung wollte ich zeigen: Sogar in der konzentrierten Haltung im Zazen, sitzend auf dem Boden mit übereinandergeschlagenen Beinen, können sich verschiedene Visionen nacheinander aufdrängen, geschweige denn ohne diese bodenhaftende Körperhaltung: "Ist es gut so, wenn bei mir im Zazen keine Vision aufkommt?" So habe ich bei meinem ersten Dai-Sessin einmal meinen Meister gefragt, nachdem ich ihm von meiner "Roquentin"-Erfahrung so ausführlich wie möglich erzählt hatte. Der Meister antwortete: "Ja, das ist richtig. Diese 'Roquentin'-Erfahrung, die Sie selbst und allein, und zwar ohne Zazen gemacht haben, nennen wir die erste Erleuchtungserfahrung des 'Mu', und um in diesen Zustand, allerdings ohne eine Vision zu gelangen, übt man zunächst Zazen. Sie erfahren vielleicht etwas anderes. Vergessen Sie bitte aber nur eins nicht: 'Mu' zu wiederholen, komme, was da wolle!"

Ich glaube, daß ich von dem Auftreten der Visionen befreit wurde. Denn ich hatte, schon bevor ich zum Kloster kam, die im Werden befindliche Problemdimension des "Durchbruchs" im Zazen, die sich aus der Identitätsaussage "Ich bin ich" ergab, strukturell vor Augen bekommen. Und ich hatte inzwischen eine bemerkenswerte Erfahrung an meinem Körper gemacht durch das Bogenschießen unter der Leitung von Meister Satoshi Sagino,[45] dem Meister von Masaji Nakanishi.

Es scheint mir also, daß man ohne Zazen höchstens dazu gelangen kann, daß sich erstens verschiedene Visionen aufdrängen, wie dies bei Meister Eckhart, Swedenborg, Jakob Böhme und bei meiner "Roquentin"-Erfahrung der Fall war, daß man sich zweitens wie J. P. Sartre, dem *diese* Einsamkeit durchaus fremd blieb, sogleich dem "historischen Engagement" zuwendet oder daß man drittens Gedichte über Einsamkeit und Sprache schreibt, wie etwa Ingeborg Bachmann oder Gottfried Benn, die beide eine von ihrer tiefen existenziellen Grenzerfahrung zwischen Wirklichkeit und Sprache hervorgerufene universale Einsamkeit erlebt haben, aber nicht überwinden konnten. Das Schreiben mußte für sie beide und auch für andere Dichter ähnliche Bedeutung haben wie für mich damals: "Das Schreiben – die allerletzte Möglichkeit meiner Selbstrettung!" Oder: "Die Sprache! Ja, sie ist die Waffe nach außen und innen und das Lot nach oben und unten!"

Was ist Wirklichkeit? Diese Frage, die erst dort gestellt werden kann, wo der zunächst vorläufig rein formal gegebene Sinnhorizont in die existenzial-ontologische Sinnbestimmtheit und Sinnartikulierbarkeit entzogen ist, erschließt zum ersten Mal einen angemessenen Zugang zum Meditieren, zum Besinnen, insofern sie in der universalen einsamen Tiefe als äußerste Möglichkeit einer individualisierten Existenz – ein Seiendes, das "ich" bin – aufgeworfen wird. Heideggers Frage "Was ist Metaphysik?", d. h. eine bestimmte metaphysische Frage "Was ist das Nichts?", ist im Grunde dort gestellt und darin anvisiert, wo die Frage "Was ist Wirklichkeit?" von uns Fragenden im ganzen, "von der Stimme des Seins angerufen" (Heidegger), gestellt wird. Diese Frage bekundet, wie man sonst meinen könnte, nicht das Ende eines Wegs, sondern gerade *einen Anfang des Anfangs*, nämlich ein *Unterwegssein* zum Verständnis der Antwort Johshus "Der Eichbaum im Vorgarten".

Meister Eckhart, Sartre, Bachmann, Benn und viele andere haben wirklich das Seiende im ganzen gedanklich überstiegen und transzendiert, was ihnen durch das "Nichten des Nichts" ermöglicht wurde, sich aber gleichzeitig die Blickrichtung auf diesen "einen Anfang des Anfangs" verschlossen. Alles, was sie erfahren haben, galt nur, wenn ich es so bezeichnen darf, der unteren Grenze der Transzendenz. Das, als *was* diese untere Grenze ansichtig wird und wie sie sich in der ontologischen Artikuliertheit *als solche* begründen läßt, war ihnen verschlossen, weil sie jenen "letzten Zustand" im Zen verfehlt haben. Zen verlangt von uns noch mehr: tiefer in die Ist-heit der letzten Wirklichkeit einzudringen, ohne den Visionen der Mystiker, ohne den Erfahrungen der Dichter verhaftet zu bleiben.

Man soll im Zazen bemüht sein, durch das "Nur-Zazen"[46] den letzten Zustand, nämlich "den Geist und Körper loslassen" (jap. shin jin datsu raku) und "den losgelassenen Geist und Körper" (datsu raku shin jin)[47] zu erreichen, als einen, der das Koan-Zen der Rinzai-Zen-Schule noch tiefer ergänzt. Diese Wendung stammt von Meister Dogen, dem großen Denker des 13. Jahrhunderts in Japan (1200–1253) und Gründer der japanischen Soto-Zen-

Schule, wo kein Koan verwendet wird. Es ist bemerkenswert, daß er unter den 75 Bänden seines Hauptwerkes "Shobogenzo" ("Die Schatzkammer der Erkenntnis des Wahren Dharma")[48] einen Band mit dem Titel "Sein – Zeit", also ohne "und" verfaßt hat.

Erst wenn man vor lauter Freude und Wonne aufgeschrieen hat: "Ich war Nicht-Ich!", nach dessen Werheit die Frage "Wer bin ich?" gerichtet war, also erst wenn man ein Verständnis der konkret erschlossenen Ist-heit: "*ist*" in Hinblick auf die Werheit des nach der Ist-heit der letzten Wirklichkeit Fragenden in seinem "Sein" gewonnen hat, und zwar in der Vergangenheitsform des "τὸ τί ἦν εἶναι" (Aristoteles: "das, was es war, dies zu sein"), kann man wohl der unteren Grenze der Transzendenz ansichtig werden, was aber noch nicht ausreicht, um sie in der ontologischen Artikuliertheit *als solche* begründen zu können.

Wo die Frage nach dem Ich, und zwar in der Fragestellung "Wer bin ich?", wirklich existenziell gestellt wird, ist gleichursprünglich auch die Frage nach der Zeit erhoben. In und mit der Fragestellung "Wer bin ich?" wird unser Zeitverständnis in seiner linearen Zeitvorstellung von "nicht-mehr-jetzt", "jetzt" und "noch-nicht-jetzt" als Jetzt-Abfolge ausdrücklich und in dieser Ausdrücklichkeit fragwürdig.

Von dem her, was "Ich war Nicht-Ich" nennen läßt, von dem her, was durch die vollkommene Selbstverneinung verneint wird, geschieht die Antwort "Der Eichbaum im Vorgarten" als die absolut präsente Konkretisierung von Johshus "Ich war Nicht-Ich, deshalb bin ich *ich*".

Den apriorischen Grund für die Möglichkeit dieses alinearen Zeitverständnisses in unserer existenzial-ontologischen Sinnbestimmtheit, in die wir geworfen sind, und der von uns zu entwerfenden Sinnartikulierbarkeit nennt Heidegger die "Zeitlichkeit": "Zeitlichkeit zeitigt sich als gewesende-gegenwärtigende Zukunft."[49] Bei Zen ist die Sache viel konkreter und viel radikaler. "Der Eichbaum im Vorgarten!". Dies ist der Sache nach nichts anderes als die gezeitigte Zeitlichkeit. Heidegger mag einwenden: Man müßte aber doch antworten, "Der Eichbaum *ist* im Vorgarten", als die sich zeitigend gezeitigte Zeitlichkeit von "Der-Eichbaum-im-Vorgarten". Denn "ein 'ist' ergibt sich, wo das Wort zerbricht",[50] nur so wäre die Zeitlichkeit gezeitigt.

An dieser Stelle erinnern wir uns noch einmal an den Kommentar Meister Mumons zu "Der Eichbaum im Vorgarten": "Für den, der den Kern der Antwort Johshus wirklich begreift, gibt es keinen Shakyamuni[-Buddha] in der Vergangenheit und keinen Maitreya [-Buddha] in der Zukunft."

Durch das "Mu", durch die vollkommene Negation "Nein!", zeigt Meister Johshu dem fragenden Mönch jenen Ort, wo er gerade steht, wo das Haben und das Nicht-Haben noch nicht getrennt sind und er sich also diesseits dieser Trennung befindet, von der Seite des Mönchs her gesehen jenen Ort, wo die Frage, das Gefragte und der Fragende in eins mit dem "Mu" verneint sind. Gerade in diesem "Mu", in dem vollzogenen "Nichts", wird erst die Differenz der Wesenszusammengehörigkeit und Wesensgetrenntheit zwischen unserer Verstehens- und Verhaltensweise, von deren vorläufig formaler Struktur wir ausgegangen sind, *als solche*, d. h. im ganzen sichtbar (artikulierbar) so, daß deutlich wird, daß eine derartige Differenz zwischen diesen beiden Weisen des "Wie" überhaupt nicht vorhanden war. Das geschieht in eins mit dem in der Sinnbestimmtheit und Sinnartikulierbarkeit "erfüllten", strukturell gesehen entformalisierten Sinnhorizont: ein spurlos verschwundener Kreis. Das "Mu" ist in dem und durch das "Mu" von sich selbst ent-"mu"-tet! Und nur dieses "Ent-mu-tet-sein" des "ist" von "Ist-ohne-Warum" und gleichursprünglich des "bin" von "Ich-bin-ich" legt uns die Möglichkeit frei, jene untere Grenze der Transzendenz *als solche*, und zwar in der ontologischen Artikuliertheit, zu begründen und zu dem Einfach-Schlichten, z. B. zur "Rose", zurückzukehren.

Die auf dem Weg der Exposition erwähnte Getrenntheit der Auffassung des Nichts (Verstehensweise) und der Vollzugsart der Negation (Verhaltensweise) bei Eckhart hängt vielleicht damit zusammen, daß er "ein Nichts" wie auch "ein Sein" mit der Kategorie "substantia" – sie bezieht sich in diesem Falle auf das Was-Sein und Wer-Sein – zu begreifen versucht, während Zen dies mit der Kategorie "relatio" nicht nur auffaßt (Verstehensweise), sondern uns bei der Beantwortung konkret von sich selbst aus zeigen läßt (Verhaltensweise). Eckhart konntc infolgedessen die letzte Zweiheit nicht überwinden. Sie hätte als solche durch das "Mu" durchbrochen werden müssen, und dann hätte er zu jener einfachschlichten "Rose" wieder zurückkehren können.

Unter der Leitung von Meister So-en Nakagawa übte ich Zazen bei meinem zweiten Dai-Sessin noch strenger als bei meinem ersten. Seit meinem ersten Dai-Sessin waren inzwischen drei Monate vergangen, in denen ich nicht einmal dazu gekommen war, zu Hause allein Zazen zu üben. Lieber hatte ich mich damit befaßt, über alles, was sich mir bei meinem ersten Dai-Sessin in meinem Körper erschlossen hatte, nachzudenken – immer noch in bezug auf das Vorfeld, wo jene Identitätsaussage "Ich bin ich" entsprang, z. B.: "Wer *ist* es", der den Schmerz in beiden Beinen empfindet? Aus dieser Überlegung wagte ich jedoch, eine Hypothese zu folgern: Wenn man die Erleuchtungserfahrung erlebt hat, muß der Schmerz in den übereinandergeschlagenen Beinen völlig verschwunden sein.

Dai-Sessin heißt nun eine strenge Meditationswoche, die volle sieben Tage, täglich von drei Uhr morgens bis zehn, eventuell zwölf Uhr nachts dauert und von der wegen ihrer Strenge und ihres Ernstes – sie findet mitten im klirrenden Winter statt – gesagt wird, daß sie den Mönchen und Laien rücksichtslos ihr

Leben nimmt. Das Ryutakuji-Zen-Kloster, wo meine zwei Dai-Sessins stattfanden, wurde von Meister Hakuin (1685–1768) der Rinzai-Zen-Schule gegründet, und vom rückwärtigen Teil seines Gartens aus kann man zum schönen Fuji hinaufblicken.

Am letzten Abend dieses Dai-Sessins habe ich in einer einsamen und abgrundtiefen Todesangst im Zazen durch intensivste Arbeit am "Mu" von Meister Johshu endlich das Selbst, das dieses "Mu" genannt wird, gelöst. Das, was im "Mu" ohne Vision aufgelöst wurde, war in der Tat – wie der Meister, der von einem Zen-Meister der Soto-Zen-Schule sehr tief beeinflußt worden ist, schon geahnt hatte – ganz anders als jener Zustand meiner "Roquentin"-Erfahrung, den man sonst die erste Erleuchtungserfahrung des "Mu" nennt.

Was für ein Glück! Was für eine Freude und Wonne! Nach den unerhörten Geburtsschmerzen ist endlich ein neues Kind geboren, wie man im allgemeinen den Durchbruch von "Mu" zu nennen pflegt. Als ich wieder in den "normalen" Zustand zurückkehrte, mußte ich, durch die Erschütterung dieser Erfahrung erregt, vor allen Anwesenden und auch vor meinem Meister länger als eine Stunde heftig weinen. Am darauffolgenden Abschiedstag, im Anschluß an unsere gemeinsame Sutra-Rezitation, hat Meister Nakagawa das folgende Lobgedicht[51] gesungen und hat damit eine Lösung anerkannt, die sich mir im ganzen erschlossen hatte:

Oh, Wunder, Wunder aller Wunder!
Allem Seienden wohnt von vornherein
die Buddhaheit inne.
Warum weiß niemand,
Warum kann niemals ergründet werden.
Eine Pflaumenblüte, solch eine kleine rote,
manifestiert wahrhaftig neun Himmel! [52]

Es war Winter, im Morgengrauen. Der Januar neigte sich seinem Ende zu. Durch die in der schärfsten Kälte geöffneten Fenster waren im Vorgarten nirgendwo rote Blüten wahrzunehmen. Der Kreis, der mir seit jener "Roquentin"-Erfahrung vor Augen geblieben war, ließ sich für einen Augenblick sehen und entzog sich von selbst blitzschnell, ohne eine Spur zu hinterlassen. Eine Schlange hat in der Tat ihren Schwanz bis auf das letzte Stück abgebissen. Das Prädikat "ich" hat wirklich das Subjekt "ich" ein- und überholt, und das Wort "bin" ist völlig verschwunden.

Ich versuche jetzt an dieser Stelle, den "Inhalt des Satori" im strengen Sinne von Dogens Auffassung "den Geist und Körper loslassen und der losgelassene Geist und Körper" zusammenzufassen, um mögliche Mißverständnisse über das Satori und die Visionen bei dem "Durchbruch" und vor allem über das Ziel der Koan-Übung, die heute in Europa bekannt geworden ist und geübt wird, zu vermeiden:

1. "Einfach fallen", als ob man von tausend Metern Höhe in einem Nu wie ein getroffener Vogel, und zwar durch einen schmalen, stockfinsteren Korridor, zur Erde fiele.

2. In diesem Augenblick des einfachen Fallens scheint der Körper im Sitzen auf dem Boden mit übereinandergeschlagenen Beinen so steif und so schmerzend zu sein, daß man meint, überhaupt nicht mehr ein- und ausatmen zu können – in äußerster Todesangst.
3. Das, was uns in dieser Todesangst allein hilft, ist, das "Mu" mit ganzen Kräften im Bauch auszuatmen. Dabei braucht man dieses "Mu" nicht einmal laut auszusprechen, sondern es nur im Schweigen auszuatmen.
4. In dem Augenblick des Zusammenstoßens mit der Erde wird in einem alles gleichsam wie in einer Explosion zertrümmert. Der Schmerz in den übereinandergeschlagenen Beinen verschwindet, man verliert sogar die Schwere seines Körpers vollkommen und schwebt, schwebt über dem Boden.
5. Man bekommt den Eindruck, man sei selbst die Quelle allen Lichts und als seien alle Körperzellen geöffnet und zu Augen geworden. Außerdem strömt Schweiß aus dem ganzen Körper. Wir erinnern uns hier wieder an jene Daruma-Puppe, die, umgestoßen, wieder von selbst aufsteht, als ob sie sich ihres Körpergewichtes nicht bewußt wäre. Bodhidharma wurde in und durch das "Mu" wieder zum Leben erweckt! Wir dürfen jener Daruma-Puppe erst jetzt die Augen schenken, sie vor Freude und Wonne bemalen.
6. Das ganze Energiezentrum liegt unterseitig in der unteren Bauchgegend: "Hara".[53]

Man braucht dabei weder ein- noch auszuatmen.

7. Man fühlt sich überglücklich und wünscht sich, diese Freude nicht mehr zu verlieren und nicht auch nur einmal noch in den "normalen" Zustand zurückzukehren.

Wie gern hätte ich ein Leben lang diesen Zustand "genießen" wollen, wie manche Zen-Meister es zum Ausdruck bringen. Doch ich bin zu meinem großen Bedauern in den "normalen" Zustand zurückgekehrt: Eine neben mir sitzende Dame hat mich heftig geschüttelt, um mich daran zu erinnern, zum Meister zu kommen; am ersten, mittleren und letzten Abend des Sessins sind alle Teilnehmer der Reihenfolge ihrer Sitzordnung nach dazu verpflichtet. Jener Zustand hat drei Stunden gedauert.

Interessant ist die Antwort von Meister Yuho Seki, mit dem ich zum ersten Mal hier in Europa bei zwei Sessins[54] zusammengearbeitet habe und der damals schon über siebzig Jahre alt war, auf meine Frage, nachdem ich ihm so ausführlich wie möglich jenen Zustand gleich nach dem "Durchbruch" erzählt habe: "Meister, verstehen Sie mich? Verstehen Sie, was ich damit meine?" "Ja, das ist ein sehr tiefer, sehr konzentrierter Zustand im Zazen, den man genießen muß." "Meister, wie oft sind Sie in diesem Zustand gewesen, wenn ich fragen darf?" "Nur dreimal bis heute!"

Noch interessanter ist, daß all diejenigen, die diesen Durchbruch erlebt haben, immer dasselbe sagen: "Der Boden eines Gefäßes ist durchgebrochen!". Meister Mumon würde uns mit homerischem Gelächter erwidern: "Hast du verstanden, wer das Gefäß zusammengebaut und der ursprünglich torlosen Schranke das Tor eingebaut hat?"

Wenn man in dieser vollkommenen Selbstverneinung die Ist-heit der letzten Wirklichkeit, die universale Undifferenziertheit ergründet hat, wenn man die grundsätzlich-allseitigen Nachprüfungen des Meisters bestanden hat, fängt man an zu lernen und als weitere Zazen- und Koan-Übung die uns überlieferten Gedichte der Zen-Meister der Vergangenheit zu verstehen und sie verstehend in dichterischer Form selbst kommentierend auszulegen.

Bevor wir darauf eingehen, wollen wir den bisher eingeschlagenen Weg kurz rekapitulieren:

1. "Der Eichbaum ist der Eichbaum": eine vollkommen in sich abgeschlossene Identitätsaussage, die Sackgasse der sogenannten logischen Denkart.
2. "Der Eichbaum ist Nicht-Eichbaum": Das ist der Grund dafür, daß wir so verstehen und uns so verhalten, während wir sagen: "Das ist nicht Eichbaum", "Er ist nicht ein Eichbaum" und "Es gibt keinen Eichbaum."
3. "Der Eichbaum ist Nicht-Eichbaum; deshalb ist er Eichbaum."

Diesen Artikulationsprozeß in dieser Reihenfolge, den "Der Eichbaum im Vorgarten" von Johshu in sich trägt, nennt man "die Logik des Zen",[55] und wir begegnen überall als dem offenbarten, d. h. artikulierten "*ist*" solchen Ausdrücken, wie z. B. das Hannya-Haramita-Sutra (sanskritisch: Prajñāparāmita Sūtra) sagt: "Das Sinnliche ist das Nichts, das Nichts ist das Sinnliche. Das Sinnliche ist nichts anderes als das Nichts, das Nichts ist nichts anderes als das Sinnliche."[56] Es geht nur um ein "ist", ein selbst-erleuchtendes "ist", "einen ontologischen Nullpunkt",[57] einen ontologischen Kristallisationspunkt, der schon durch die vollkommene Selbstverneinung von "Mu" ergründet und transparent ist. Gilt "ist" als "Copula", als "Verhältniswort" (Kant)? Wie kann man dieses kleine "ist" auf den Sinn jenes geschichtlich-anfänglichen Ursprungs des Kommens des ersten Patriarchen oder, noch tiefer, auf den Sinn jenes Ursprungs, der den historischen Buddha als Erwachten hervorgerufen hat, freilegend zurückbeziehen?

"Welchen Sinn hat es, daß der Patriarch vom Westen her kam?" – "Der Eichbaum im Vorgarten!"
"Welchen Sinn hat es, daß der Patriarch vom Westen her kam?" – "Die Buddhaheit!"
"Welchen Sinn hat es, daß der Patriarch vom Westen her kam?" – "Mu!"

Beim Gedichte-Verstehen (dem Wie der Verstehensweise) und dem Gedichte-Schreiben (dem Wie der Verhaltensweise) geht es um die Frage nach der Sprache, der oberen Grenze der Transzendenz, um die Frage nach dem Wie der sprachlichen Artikulierensweise der in der ontologischen Artikuliertheit unartikulierten Ist-heit der letzten Zen-Wirklichkeit (Zen-Wahrheit).

Wir befinden uns jetzt bei dem Satz: "Der Eichbaum ist Nicht-Eichbaum; *deshalb ist er Eichbaum*."

DRITTER TEIL

Die Frage nach der Sprache, die die obere Grenze der Transzendenz erschließt

風穴因みに僧問う，
語黙は離微に渉る，
如何か不犯を通ぜん。
風云く，
長えに憶う江南三月の裏，
鷓鴣啼く處百花香し。

"Ein Mönch fragte einst Meister Fuketsu: 'Das Sprechen verdirbt die Transzendenz (der Wirklichkeit) [der Ist-heit, der So-heit der letzten unartikulierten Wirklichkeit], während das Schweigen die [konkret differenzierte einzelne] Manifestation [des Seienden] verdirbt. Wie könnte man das Sprechen mit dem Schweigen vereinen, ohne die Wirklichkeit zu verderben?'

Der Meister antwortete: 'Ich erinnere mich immer an die Frühlingslandschaft, die ich einst in Konan sah. Die Rebhühner riefen inmitten duftender Blumen in voller Blüte'."[58]

Meister Fuketsu (chin. Feng Hsüeh), dessen Worte dieses 24. Koan aus der Koan-Sammlung "Die torlose Schranke" überliefert, wurde 896 in China geboren und starb im Jahre 973. Das Gedicht, das er in diesem Koan singt, stammt ursprünglich von Toho (chin. Tu Fu, 712–770), einem berühmten chinesischen Dichter der Tang-Dynastie. "Konan" ist die japanische Aussprache von Chiang Nan, einer Provinz Südchinas.

Der Mönch sagt: Wenn wir Worte benutzen und jene undifferenzierte Ist-heit der letzten Wirklichkeit zu beschreiben versuchen, wird die ursprüngliche Unartikuliertheit, die durch das "Mu" ergründet wurde, unweigerlich schon als Begrenztes, als sprachlich Verlautetes artikuliert. Wenn wir jedoch schweigen, dann taucht alles in einer ewigen Gleichgültigkeit unter, und der phänomenale Aspekt der artikulierten Wirklichkeit, wo wir uns jetzt und hier in unserem mitmenschlichen Alltag befinden, geht dadurch verloren. Daher die Frage: Wie können wir Sprechen und Schweigen kombinieren, um die Wirklichkeit unter beiden Aspekten darzustellen?

Anstatt dem Mönch "erklärend" zu antworten, wie er Sprechen und Schweigen kombinieren könnte, holt Meister Fuketsu seine Erlebnisse aus der ursprünglichen Tiefe hervor und vergegenwärtigt "an-denkend" und dichtend dem Mönch jene unaussprechbare Ist-heit der letzten Wirklichkeit, durch die der historische Buddha zu einem erwachten Buddha geworden ist, und zwar mit den ausgesprochenen Worten: als Kombination von Sprechen und Schweigen in der Form des Gedichtes. Während Meister Fuketsu einerseits den Raum für den Sinn jenes anfänglichen Grundgeschehens, die unaussprechbare Ist-heit der letzten Wirklichkeit, freilegt und freilegend beim Singen des Gedichtes bleibt, läßt er andererseits den Mönch, der noch nicht das "Mu" ergründet hat, denselben transparenten Anfangsort sehen.

Die Worte Meister Mumons z. B., die wir schon einmal gehört haben: "Du tötest den Buddha, wenn du ihm begegnest! Du tötest die alten Zen-Meister, wenn du sie triffst!", verwandeln sich in diesem Stadium, wo sich in der ontologischen Artikuliertheit die Sprache als die obere Grenze der Transzendenz bekundet. Seine Worte besagen jetzt nichts anderes als: "Du erweckst sowohl den Buddha als auch die alten Zen-Meister!", also: "sie beide sein lassen!".

An diesem Ort des Seinlassens tauchen nicht mehr die jenen Anfang rufenden Worte auf, wie sie Bodhidharma gesprochen hat: "Offene Weite – Nichts Heiliges!", sondern es zeigt sich das Selbst, das er in diesem Nennen gerufen hat – allerdings erst, wenn man wie Meister Fuketsu das vorhin zitierte Gedicht als Antwort auf die Frage des Mönchs singt. Nicht nur dies, sondern noch mehr: Jedes einzelne Wort in diesem Gedicht, Rebhühner, duftende Blumen und Blüten, erschließt sich zunächst für sich allein und dann für die anderen Wörter. Rebhühner, duftende Blumen und Blüten machen im ganzen die Frühlingslandschaft, die der Meister *einst* in Konan sah, transparent, und diese Frühlingslandschaft im ganzen wird gerufen, wann immer er sich daran erinnert.

In diesem immerwährenden Erinnern ist jene Ist-heit konkret freigelegt und weder vom Sprechen noch vom Schweigen verdorben. "Die Sprache spricht als das Geläut der Stille" (Heidegger).[59] In diesem immerwährenden Erinnern sind alle – Buddha, Toho und Fuketsu – durch die gleiche unartikulierte Ist-heit der letzten Wirklichkeit wieder in den ursprünglichen Ort eingekehrt. Die ursprüngliche Vergessenheit dieser Ist-heit der letzten Wirklichkeit, die Heidegger im Blick auf die europäische Denkgeschichte die "Seinsvergessenheit"[60] nennt, ins *Denken an* diese Ist-heit, nämlich ins "Andenken",[61] ins Erinnern zu rufen, ist nur möglich im dichterischen Sprachgebrauch, weil die Sprache, wenn wir sie normalerweise gebrauchen, ob im Sprechen oder im Schweigen, die unvermeidliche artikulierende Tendenz zur ontischen Begriffsbildung und semantischen Verfestigung ("das ist das") aufweist.

Das Gedichte-Schreiben gehört als weitere Vertiefung und Verfeinerung des schon ergründeten "Mu", d. h. als Verwirklichung der "Gelassenheit zu den Dingen",[62] wesenhaft zum Zen und Zazen. Dort, wo man sich selbst dichterisch auslegt, muß einem jene Ist-heit der letzten Wirklichkeit durchsichtig aufgeschlossen bleiben – ebenso wie der verschwundene Kreis, der Sinnhorizont, den man einmal in einem Nu in der existenzial-ontologischen Sinnbestimmtheit und Sinnartikulierbarkeit "erfüllend"-entformalisiert erblickt und erfaßt hat. Diese Ist-heit bleibt aufgeschlossen *als* die in der ontologischen Artikulierbarkeit paradoxerweise artikuliert-unartikulierte Ist-heit oder, wie wir als ein Gegenbeispiel zu Eckhart angeführt haben, als die entkategorisierte "relatio". Man muß ferner als "Ist-heits-Hüter" den Mut aufbringen und den Dank abstatten, jenen unaussagbaren, unaussprechbaren und unbestimmbaren Ort freilegend zu bewahren, d. h. zu bewahrheiten, so daß das Heilige – jene Ist-heit der letzten Wirklichkeit – ohne

Verhüllung und ohne Überschattung durch unsere artikulierende Sprache direkt zum Menschen herabsteigt.

Nach dem erlebten “großen Sterben” und “doppelten Vergessen” im “Mu”, das nur durch jenes “einfach fallen” von “den Geist und Körper loslassen und der losgelassene Geist und Körper” ermöglicht wird, singt auch Meister Kakuan (chin. Kuo An, 12. Jahrhundert), der “in den Grund und Ursprung zurückgekehrt” ist:

> Grenzenlos fließt der Fluß, wie er fließt.
> Rot blüht die Blume, wie sie blüht.[63]

Das Verstehen der Gedichte anderer (Verstehensweise) und das Selbstauslegen in dichterischer Form (Verhaltensweise) sind im Zen nicht getrennt. Das Verständnis dieses Nicht-Getrenntseins der beiden Weisen des Wie wurde durch die Einsicht gewonnen, daß der Sinnhorizont der formalen Wesensgetrenntheit des Wie der Verstehensweise und des Wie der Verhaltensweise entformalisiert ist, wie wir es bei der Fragestellung nach dem Nichts gesehen haben. Das Gedichte-Verstehen und das Selbstauslegen in dichterischer Form im Zen unterscheidet sich deshalb von all denjenigen Gedichten, die sich als subjektive Selbstäußerung charakterisieren und mit den artikulierten Worten jene unartikulierte Ist-heit der letzten Wirklichkeit nicht ursprünglich freizulegen vermögen, z. B. von einem der letzten Gedichte Ingeborg Bachmanns, “Enigma”:[64]

Nichts mehr wird kommen.

Frühling wird nicht mehr werden.
Tausendjährige Kalender sagen es jedem voraus.

Aber auch Sommer und weiterhin, was so gute
Namen wie 'sommerlich' hat –
es wird nichts mehr kommen.

Du sollst ja nicht weinen,
sagt eine Musik.

Sonst
sagt
niemand
etwas.

Warum hat sie nicht die Frage nach dem Sinn "einer Musik" gestellt? Jede Musik, die wir empirisch hören, ist nur "die Musik". Warum hat sie jene Ist-heit der letzten Wirklichkeit nicht in "einer Musik" zu hören versucht, während sie ihre Einsamkeit, die sie doch in "einer Musik" empfand, bis zu ihrer, und zwar ihrer "oberen" Grenze austrug?

Als weiteres Beispiel führen wir aus Gottfried Benns "Statischen Gedichten" (darunter finden sich Gedichte mit Titeln wie "Verlorenes Ich" oder "Einsamer nie –") das Gedicht "Ein Wort" [65] an:

Ein Wort, ein Satz –: aus Chiffren steigen
erkanntes Leben, jäher Sinn,
die Sonne steht, die Sphären schweigen
und alles ballt sich zu ihm hin.

Ein Wort – ein Glanz, ein Flug, ein Feuer,
ein Flammenwurf, ein Sternenstrich –
und wieder Dunkel, ungeheuer,
im leeren Raum um Welt und Ich.

Warum hat Gottfried Benn nicht die Frage nach dem Sinn von "Welt und Ich" gestellt, nicht in der Weise den Sinnhorizont, und zwar in der Sinnbestimmtheit und Sinnartikulierbarkeit Gottfried Benns, zu erschließen versucht, den Heidegger fundamentalontologisch[66] nennt? Er hätte so den Sinn von "Schweigen" und "Welt und Ich" verstehen können und hätte nicht in "Epilog und lyrisches Ich" aufzuschreien brauchen:

Worte, Worte – Substantive![67]

Wo Ingeborg Bachmann "eine Musik" nennt, setzt Gottfried Benn "ein Wort". Dieser Ansatz könnte, in unserer Problemstellung gesprochen, einen Anfang des Anfangs ermöglichen. Dort, wo "eine Musik" und "ein Wort" genannt wurden, hätte bei beiden Dichtern "ein Anfang des Anfangs" als das, was die metaphysisch-ontologische Ebene genannt wird, erschlossen werden müssen.

In der Dimension, wo "ein Seiendes und ein Nichts" erschlossen bleibt und wo sich jene Ist-heit als solche metaphysisch-ontologisch in der ontologischen Artikuliertheit bewegt, hat Heidegger, inständig innebleibend und so "Seiendes und Nichts" bedenkend, als Beantwortung "einer bestimmten metaphysischen Frage"[68] ("Was ist das Nichts?") jene Grundfrage der Metaphysik gestellt: "Warum ist überhaupt Seiendes und nicht vielmehr Nichts?" Hierbei meint Beantworten und Antworten das Sagen, das dem zu befragenden Sach-Verhalt, d. h. dem Nichts, entspricht.

Auf der gleichen Ebene hat der Zen-Meister Hakuin das "Klatschen einer Hand" gehört und das als Koan seine Schüler hören lassen: "Hör auf das Klatschen einer Hand!" Im Augenblick, wo man mit zwei Händen geklatscht hat, ist die unartikulierte Ist-heit des Gehörten schon in diesem "Hier und Jetzt" gewesen und im Gehörten artikuliert.

Als letztes Beispiel lesen wir zwei Zeilen aus den "Romances sans paroles" (Lieder ohne Worte) Paul Verlaines:

Il pleure dans mon cœur,
comme il pleut sur la ville

Es weint in meinem Herzen,
wie es regnet über der Stadt[69]

Hier können wir "il pleure dans mon coeur" abschneiden. Dann aber hat das "comme" in diesem Kontext keinen Sinn, sondern hätte ihn nur so: "il pleut sur la ville". Zen müßte mit Recht behaupten: Wie könnte "ich" unter so vielen Möglichkeiten der Wahrnehmung und Versprachlichung eine, und zwar "meine" Aufmerksamkeit darauf richten, daß "il pleut sur la ville", wenn es "dans mon coeur" nicht regnete, wenn "ich" aus Verlassenheit nicht weinte? Wenn Verlaine vor dem Meister Johshu ein solches Gedicht gesungen hätte, wäre er auf der Stelle von dem Meister mit dem hölzernen Schlagstock mindestens "dreißigmal"[70] geschlagen worden. Wenn aber, vor allem in Hinblick auf den genannten Titel "Romances sans paroles", das, was "il pleure dans mon coeur, comme il pleut sur la ville" sagt, zum

Ausdruck gebracht werden sollte, dann nur auf diese Weise: "Il pleut sur la ville". Wenn wir auf diese Weise dem entsprechen, was sich uns zuspricht, so liegen darin das Wesen der Sprache und die Sprache des Wesens der "Haiku-Dichtung".

Das "Wesen der Sprache" (das Wie der Verstehensweise) kann sich in die "Sprache des Wesens"[71] (das Wie der Verhaltensweise) streng genommen erst dann verwandeln, wenn man so singt:

Ich erinnere mich immer
an die Frühlingslandschaft,
die ich einst in Konan sah.
Die Rebhühner riefen inmitten
duftender Blumen in voller Blüte

Oder wenn man dieses Gedicht wie ein "Haiku" singt:

Frühling in Konan –
Rebhühner rufen inmitten
duftender Blumen in voller Blüte

Die Ortschaft des "Wesens der Sprache", die Meister Fuketsu beim Singen des Gedichtes vor Augen hatte, "und" gleichursprünglich die Ortschaft der "Sprache des Wesens", die er beim Singen des Gedichtes konkret gezeigt hat, nennt der Denker Meister Dogen "dein ursprüngliches Antlitz, das du hattest, bevor deine Eltern geboren wurden".[72] Beim Singen Meister Fuketsus sind beide Weisen des Wie seiner Verstehens- und Verhaltensweise, in diesem Stadium vor allem bezüglich des Wie der Artikulierensweise jener in der ontologischen Artikuliertheit unartikulierten Ist-heit der "Wirklichkeit" in ihren beiden Aspekten, nicht getrennt, weil Fuketsu in seiner Sinnbestimmtheit und Sinnartikulierbarkeit mit dem spurlos entleerten Kreis, mit dem "erfüllend"-entformalisierten Sinnhorizont eins ist.

Auf die Frage nach dem Sprechen und der Sprache würde Meister Fuketsu so antworten: "Das Singen – die allerletzte Möglichkeit, jene unartikulierte Ist-heit wie im Spiel der Kinder zu bewahrheiten!" Oder: "Die Sprache! Ja, sie ist meine Heimat. Dort, wo es ein Wort gibt, gibt es auch meine Heimat!"

Das Nichts ("Mu") hat uns durch das "Nichten des Nichts"[73] den grundlegenden, genaugenommen Abgrund-legenden Sinnhorizont, der sich durch "ein Seiendes und ein Nichts" strukturiert, in der existenzial-ontologischen Sinnbestimmtheit und Sinnartikulierbarkeit sehen lassen. Ohne dieses "Nichten des Nichts", ohne diese existenzial-ontologische Erschließung des Sinnhorizontes, auf dem einerseits die Zeitlichkeit als gewesende-gegenwärtigende Zukunft in unserer individualisierten Existenz sich zeitigen und andererseits die Struktur unseres temporalen Zeitverständnisses, die "Temporalität",[74] ursprünglich und je temporalisiert werden kann, indem wir, uns so verhaltend, aussprechen "einst", "gerade" und "bald",[75] wäre der Angelpunkt von Heideggers Seinsdenken, "die ontologische Differenz: Unterschied zwischen Seiendem und Sein"[76] unmöglich. Das "Nichten des Nichts" erschließt konstruierend die metaphysisch-ontologische Dimension in der Sinnbestimmtheit und Sinnartikulierbarkeit, den Ort des Unterschiedes von Seiendem und Sein, und zwar in der ontologischen Artikuliertheit. Umgekehrt: Erst diese ontologische Differenz – mit Zen gesprochen, als Malen eines Kreises, wodurch das Ganze in die ursprüngliche Differenziertheit ontologisch artikuliert wird – ermöglicht gerade durch das "Nichten der Differenz von Seiendem und Sein", daß wir überhaupt die Buddhaheit, die den historischen Buddha zunächst *als einen solchen* und dann *als solchen* ausmacht, erfassen und in eins damit "Der Eichbaum im Vorgarten" sehen können.

Erst und nur an dieser oberen Grenze der Transzendenz, die jene untere Grenze der Transzendenz *als solche* in der ontologischen Artikuliertheit sehen läßt, "integriert sich", d. h. "schmilzt" die zu Beginn unserer Untersuchung vorläufig rein formal angezeigte Wesensgetrenntheit zwischen Verstehensweise (dem Nichts) und Verhaltensweise (der Sprache) in unserer Sinnbestimmtheit und Sinnartikulierbarkeit "vollkommen zusammen". Sie schmilzt *zusammen* durch die Einsicht, daß das Nichts ("Mu") auch zu einem in der ontologischen Artikuliertheit artikulierten, ausgesprochenen Wort *wesenhaft gehört* und daß dadurch jene Wesensgetrenntheit selbst letztlich zu einem Wie der in der metaphysisch-ontologischen Dimension *frei* geschehenden "Grundartikulation"[77] *wesenhaft gehört als* Wesenszusammengehörigkeit.

Beim Durchbruch des Nichts ("Mu"), der vollkommenen Selbstverneinung, ist die lineare Vor-stellung des Transzendenz-Begriffes, die auf dem subjektiven, "ich"-haften Zeitverständnis der Jetzt-Abfolge beruht, mit zertrümmert. Der Begriff der Transzendenz versteht sich dann nicht mehr als eine Linie, von der man glaubt, daß sie diesseits oder jenseits unseres linearen Zeitverständnisses liegt, sondern als eine Zone, die sich durch die untere und die obere Grenze der Transzendenz als solche erschließt. Diese Zone entgrenzt sich in und mit dem verschwundenen Sinnhorizont als Dimension, die zwischen jener Buddhaheit und "Der Eichbaum im Vorgarten" liegt, wenn wir sie sprechend und schweigend durchmessen und dichtend und an-denkend die letzte Wirklichkeit bewahrheiten:

Seiendes und Nichts	:	Sein und Seiendes
Seiendes (Nichts	:	Sein) Seiendes
Nichts	:	Sein

Der zunächst vorläufig rein formal angeführte Sinnhorizont, auf den sich die Frage zweifach gerichtet hat, verwandelt sich zu einem von sich selbst her aufgespannten Raum, zu einer Zone. Das "und" von "Sprechen und Schweigen" ist in diesem Stadium nichts anderes als der in der Sinnbestimmtheit und Sinnartikulierbarkeit selbsthaft-erfüllend entformalisierte Sinnhorizont, der einem ermöglicht, in den Grund und Ursprung von "Der Eichbaum im Vorgarten" zurückzukehren, insofern man dieses "und" als sein Eigentliches wirklich trägt, nicht mehr vor-trägt, sondern auf die Zenfrage hin, auf die Frage nach dem *Sinn* von Zen, *be-sinnend* durchmißt. Dann verwandelt sich die früher zweifach, d. h. "nicht einerlei" erschienene Struktur der Frage nach dem in der Sinnbestimmtheit und Sinnartikulierbarkeit völlig verschmolzenen Sinnhorizont. Der auf diese Weise strukturell abgewandelte *Sinn* kann nur im be-sinnend immerwährenden und fortwährenden Durchmessen, d. h. im Weiter-Verschmelzenlassen jener Wesensgetrenntheit der beiden Weisen des Wie, sei es im Gedichte-Schreiben oder Zazen-Üben, vollzogen werden. Diese in der ontologischen Artikuliertheit abgewandelte Strukturerfahrung legt den ursprünglichen Ort frei, wo man überhaupt erst die "Ethik" oder die "Praxis" auf der mitmenschlichen Ebene zum Thema machen kann.

Alles, was wir bis zu diesem Stadium durchmessen haben, können wir kurz zusammenfassen:

1. Wie wird "der Eichbaum" durch "einen Eichbaum" zu "Eichbaum" artikuliert?
2. Wie wird "Eichbaum" durch "einen Eichbaum" zu "dem Eichbaum" artikuliert?

Wie wir schon gehört haben, hat Rudolf Otto die Dynamik des Zen als das "Nach-oben-Offene" bezeichnet. Dies erscheint mir jedoch zu einseitig. Denn Zen nennt den ersten Artikulationsprozeß: "Wie wird 'der Eichbaum' durch 'einen Eichbaum' zu 'Eichbaum' artikuliert?" das "Nach-oben-Offene" und den zweiten Artikulationsprozeß: "Wie wird 'Eichbaum' durch 'einen Eichbaum' zu 'dem Eichbaum' artikuliert?" das "Nach-unten-Offene".

Die Frage nach dem Nichts, die die untere Grenze der Transzendenz sichtbar (artikulierbar) gemacht hat, steht existenzial-horizontal (metaphysisch-ontologisch) zwischen "*dem* Eichbaum" und "*einem* Eichbaum". Die Frage nach der Sprache, die die obere Grenze der Transzendenz als die, welche die untere Grenze *als solche* sehen (artikulieren) läßt, erschlossen hat und dadurch einerseits "Eichbaum überhaupt" (mit Heidegger gesprochen, "Sein überhaupt") phänomenologisch erahnen läßt – die Ontologie ist nach Heidegger nur als Phänomenologie möglich[78] – und andererseits durch jene universal-ontologisch differentiale Indifferenz, das "Wunder aller Wunder", wieder zu "*dem* Eichbaum", allerdings durch das "Mu", durch "*einen* Eichbaum" hindurch, fragend zurückkehrt, steht universal-horizontal (phänomenologisch-ontologisch) zwischen "*einem* Eichbaum" und "Eichbaum überhaupt". In dieser doppelt gestuften Strukturiertheit und dieser doppelt horizontalen Aufgeschlossenheit von "der Eichbaum – ein Eichbaum : ein Eichbaum – Eichbaum" und "Eichbaum – ein Eichbaum : ein Eichbaum – der Eichbaum" bewegen sich sowohl das "Nach-oben-Offene" als auch das "Nach-unten-Offene". Das ist die Grundstruktur des selbsthaft-erfüllend entformalisierten Sinnhorizontes, d. h. der "be-sinnend" zu durchmessenden Zone, die die Fragen nach dem

Nichts und nach der Sprache in Hinblick auf das Wie beider aufgerissen haben. Dementsprechend zeigt das von Meister Johshu ausgesprochene "Mu" gemäß dieser doppelten Strukturiertheit des "Nichts" ("Mu") von "*einem* Eichbaum" seinen zweifachen Geschehenscharakter: das "Nach-oben-offene-Nicht" und das "Nach-unten-offene-Nicht".

In unserer Untersuchung wurden oft "ein Sein", "ein Nichts", "ein Seiendes", "eine Musik", "ein Wort", "ein Eichbaum" usf. herausgehoben. Das "ein" wurde betont. Dieses "ein" meint nicht "eins" im Sinne von "eins, zwei, drei ...". In diesem radikal betonten und unbestimmten "ein" verbirgt sich jenes "Einende",[79] das als ontologische Zuordnung gekennzeichnet werden kann. Diese in *einer* metaphysisch-ontologischen Dimension nichtend-seinlassend versammelnde doppelte Strukturiertheit des Nichts und seinen zweifachen Geschehenscharakter, das Nicht, hat innerhalb des abendländischen Denkens zum ersten Mal Martin Heidegger ergründet. Dort, wo die Frage "Was *ist* das Nichts?"[80] von uns Fragenden im ganzen gestellt ist, ist gleichursprünglich auch die Frage "Was heißt 'Sein'?" erhoben. Diese beiden gleichursprünglichen Fragen ereignen sich, in unserer Problematik betrachtet, gerade in jenem Augenblick, wo der zunächst rein formal eingeführte Sinnhorizont in der Sinnbestimmtheit und Sinnartikulierbarkeit gleichsam "selbsthaft-erfüllend" entformalisiert wird und zusammenschmilzt und dadurch "Eichbaum überhaupt" in "dem

Eichbaum" oder "Sein überhaupt" in "dem Sinn des Seins *des* Seienden" phänomenologisch-ontologisch zurückstrahlend gelichtet werden soll.

> Nun, nun müssen dafür Worte,
> wie Blumen, entstehn.[81]

Als ein einziges Feld eröffnend, wo die ontologische Differenz konkret zum Problem erhoben wird, und somit als eine Radikalisierung dieser Differenz, erschließt einzig und allein die Frage "Was *ist* das Nichts?" bezüglich ihres Inhalts und Umfangs jenes, was wir in unserer Untersuchung oft "die metaphysisch-ontologische Dimension"[82] genannt haben und was im "Mu" in seiner zweifachen Weise bekundet ist. Das "metaphysisch" *bedenkt* das, was das Wie der Verstehensweise (das Nichts) als solches – Nichts – bestimmt, und das "ontologisch" *nennt* das, was das Wie der Verhaltensweise (die Sprache) als solches – Sein – bestimmt.

Heidegger sieht dieses Problem des "Nichts" und seinen zweifachen Geschehenscharakter, nämlich das Nicht, das dem Nichten des Nichts entspringt, im Jahre 1949 in dem Vorwort zur dritten Auflage zu dem 1929 verfaßten "Vom Wesen des Grundes" in ebendemselben zweifachen Sinne: "Das Nichts ist das Nicht des Seienden und die ontologische Differenz ist das Nicht zwischen Seiendem und Sein. [...] Jenes nichtende Nicht des Nichts und dieses nichtende Nicht der Differenz sind zwar '*nicht einerlei*',[83] aber das Selbe im Sinne dessen, was im Wesenden des Seins des Seienden zusammengehört. Dieses Selbe ist das Denkwürdige."[84]

Das nichtende Nicht des Nichts erschließt bedenkend, vom Seienden (dem Eichbaum) ausgehend, jene *eine* (metaphysisch-ontologische) Dimension, wo sich "*der* Eichbaum" *als* "*ein* Eichbaum" offenbart, d. h. artikuliert. Das nichtende Nicht der ontologischen Differenz erschließt nennend jenes, was sich in der Frage "Was *ist* das Nichts?" bekundet und darin ausgesprochen und zum Ausdruck gebracht ist, um "*einen* Eichbaum", in dieser Dimension stehenbleibend, zum Thema zu machen und letztlich, um "Sein überhaupt" (Eichbaum überhaupt) in seinem ursprünglichen Reichtum phänomenologisch-ontologisch zurückstrahlend zu lichten: Eichbaum als Eichbaum. Dieses "Sein überhaupt", was Eichbaum als Eichbaum bestimmend sehen lassen soll, war und ist sozusagen "hinter" der ontologischen Differenz universal gelichtet und wird gelichtet werden. Das nichtende Nicht zeigt also auf diese doppelt gestufte Weise den Geschehenscharakter des Wie der Erschließung, nämlich des Wie der Dimensionierung: das "Bedenken" des Nichts und das "Nennen" der ontologischen Differenz.[85]

Ein Eichbaum, d. h. "eine eichbäumende Eichgebäumtheit" oder "ein eichbäumendes Eichgebäumtsein", raubt also sich selbst zugunsten des Eichbaums und dank Eichbaum überhaupt seine ontologische Grundstruktur, nämlich jenes "-heit" und "-sein", und läßt den Eichbaum anwesen: “Der Eichbaum im Vorgarten”.

“Welchen Sinn hat es, daß der Patriarch vom Westen her kam?” – “Mu!”
“Welchen Sinn hat es, daß der Patriarch vom Westen her kam?” – “Die Buddhaheit!”
“Welchen Sinn hat es, daß der Patriarch vom Westen her kam?” – “Der Eichbaum im Vorgarten!”

“Der Eichbaum im Vorgarten” von Meister Johshu, mit dem wir in einem Vergleich mit Meister Eckhart “anders denken?” zu üben angefangen haben, ist durch unser gemeinsames operierendes Durchmessen, durch den Artikulationsprozeß der früher angeführten Reihenfolge “im ganzen” zu sich selbst zurückgekehrt – von der ersten bis zur dritten Nennung und von der dritten wieder bis zu “Der Eichbaum im Vorgarten”, von dem jene erste Nennung, die in sich abgeschlossene Identitätsaussage “Der Eichbaum ist der Eichbaum”, satzmäßig ausgesagt wurde. Wir stehen so nach dieser anders verfahrenen Denkoperation der “Zen-Logik” wieder am anfänglichen Anfang von “Der Eichbaum im Vorgarten” von Meister Johshu. Alles, was wir von *“Der Eichbaum im Vorgarten”* erlernt haben, müssen wir also wieder *dem Eichbaum im Vorgarten* zurückgeben, ihn sein lassen gemäß dem, was er *ist*, so wie er *ist* (tathatā),[86] so wie er sich an ihm selbst von ihm selbst her zeigt.

Meister Mumon hat dem ersten Koan “Johshus Mu” ein kleines hervorragendes Gedicht gewidmet, das selbstauslegend jenen anfänglichen Ort der unartikulierten Ist-heit der letzten Zen-Wahrheit freilegt und freilegend den anfänglichen Ort der differenzierenden Grundartikulation selbst bezeichnet. Sein Gedicht lautet:

Der Hund! Die Buddhaheit!
Die Wahrheit zeigt sich deutlich.
Ein Augenblick von Ja-und-Nein:
Verloren sind dein Leib und deine Seele[87]

Nun ist uns klar geworden, wie man Gedichte verstehen (Verstehensweise) und wie man sie schreiben und singen soll (Verhaltensweise). Der Schreibstil oder die Ausdrucksform verändern sich grundsätzlich mit, wenn sich der Denkstil selbst, der in diesem Stadium als ein Wie der freien Artikulierensweise im Sinne der Wesenszusammengehörigkeit der beiden Weisen des Wie unserer Verstehens- und Verhaltensweise angesprochen werden kann, ändert und "anders" geworden ist. Dabei geht es nur um unser "Wahrheitsverständnis", um ein Wie der in unserer existenzial-ontologischen Sinnbestimmtheit und Sinnartikulierbarkeit jeweils aufgeschlossenen Artikulierensweise. In der Tat haben sich Denkstil und somit auch Schreibstil Heideggers grundsätzlich verändert, nachdem er die in "Sein und Zeit" (1927) formal-strukturell vorgezeichnete Fragedimension der "Frage nach dem Sinn von Sein überhaupt" Schritt für Schritt be-sinnend zu durchmessen anfing, d. h. nachdem er erst in den dreißiger und vierziger Jahren das Wahrheitsproblem zum Hauptthema machte und in einer gewandelten Weise anging: verändert zu einem andenkend-dichtenden Stil. Dieses Wahrheitsproblem wird dabei in die Frage gefaßt: Wie erschließt die in sich gegabelte und getrennte Zeit, nämlich "Zeitlichkeit und Temporalität",[88] "die Wahrheit *des* Seins",[89] d. h. die abgewandelte Nennung von "Sinn von Sein überhaupt"? Dieses "Sein überhaupt" artikuliert und zeigt sich in der metaphysisch-ontologischen Dimension als der transzendentale Sinn des "Seins" des Seienden, das wir selbst je sind und das wir nicht sind, und dessen, das *ist.* Es bildet sich für uns Fragende in unserer Sinnbestimmtheit und Sinnartikulierbarkeit jener Sinnhorizont aus, insofern wir die Frage nach dem Sinn von Sein überhaupt stellen.

Unser anfängliches Fragen nach dem *Sinn von Zen* hat sich auch in die Frage nach der *Wahrheit des Zen*, der Zen-Wahrheit, verwandelt, mit deren vorläufig formaler Nennung wir einen Weg bis zu diesem Stadium eingeschlagen hatten. Dementsprechend können wir jetzt zu "Der Eichbaum im Vorgarten" so rekonstruierend singen:

Der Eichbaum! Die Buddhaheit!
Die *Wahrheit* zeigt sich deutlich.
Ein Augenblick von Ja-und-Nein:
Verloren sind unser Leib und unsere Seele

Wann und wo finden wir dann diesen Augenblick der Zweiheit von Ja-und-Nein? Wo liegt dieser Augenblick, der Grund für die Möglichkeit des Verlierens von Leib-und-Seele? Der Ort dieser Möglichkeit liegt uns so nah, daß wir es überhaupt nicht merken.

Nicht nur Ja—und—Nein, Leib—und—Seele, sondern mehr noch: Der—Fragende—und—das—Gefragte, Die—Verstehensweise—und—die—Verhaltensweise, Das—Nichts—und—die—Sprache, Die—untere—Grenze—und—die—obere—Grenze—der—Transzendenz, d. h. innerhalb der abendländischen Philosophiegeschichte: Metaphysik—und—Ontologie, Die—Sinnbestimmtheit—und—die—Sinnartikulierbarkeit, Die—Unartikuliertheit—und—die—Artikuliertheit, Das—Schweigen—und—das—Sprechen, Das—Wesen—der—Sprache—und—die—Sprache—des—Wesens, Das—nach—oben—Offene—und—das—nach—unten—Offene und letztlich Das—nach—oben—offene—Nicht—und—das—nach—unten—offene—Nicht!

Ein Ort, ein Feld schlechthin für die Möglichkeit der vorgängigen Tendenz zur Zweiheit liegt in den drei Buchstaben u-n-d, wenn wir diese drei Buchstaben als das Bedeutung gebende Wort "und" verstehen und es, uns so verhaltend, aussprechen. Wie wäre es z. B., wenn man das "und" von "Sein und Zeit" Heideggers abschneiden würde, so wie der Zen-Meister im 13. Jahrhundert, der Denker Dogen, den 20. Band von Shobogenzo nur mit dem Titel "Sein – Zeit"[90] versehen hat, dann würde das ganze Werk Heideggers in einem Augenblick zertrümmert. Denn alle Gedankengebäude und alle Gedankensysteme gehen implizit von diesem Ort "und" aus und kommen dahin zurück, wie wir es auch bei Meister Eckhart gesehen haben. Heidegger selbst war sich dieser Grundproblematik von "und" vollkommen bewußt, wie seine nach der Veröffentlichung von "Sein und Zeit" (1927) in "Kant und das Problem der Metaphysik" (1929) angedeutete Feststellung zeigt: "[...] daß in diesem Titel 'Sein und Zeit' das 'und' das zentrale Problem in sich birgt. 'Sein' sowohl wie 'Zeit' brauchen die bisherige Bedeutung nicht aufzugeben, wohl aber muß eine ursprünglichere Auslegung ihr Recht und ihre Grenze begründen."[91]

Die Frage, ob Heidegger sich jedoch dessen bewußt war, daß diese Grundproblematik von "und" das Problem der "Endlichkeit des Daseins im Menschen"[92] notwendig zum Inhalt hat, wird bei einer anderen Gelegenheit behandelt. Jetzt können wir aber den ganzen Sachverhalt in einem Aspekt des "anders Denkens" erkennen.

Es geht nun darum, wie man das "und" *versteht* und vor allem, wie man sich konkret *zu* diesem "und" *verhält*, indem man das "und" in je bestimmter Weise zum Ausdruck bringt. Wer trägt dann dieses "und" *eigentlich*[93] oder *ur-eigentlich* als ein offenes Feld, wo jener Artikulationsprozeß im ganzen je und frei geschieht? Wer *trägt* dann dieses "und" bloß in einem nivellierten Sinne, also *uneigentlich* vor?

VIERTER TEIL

»Ein Wahrer Mensch ohne jeglichen Rang«, der das »und« eigentlich trägt und tragend frei spricht

上堂云く，
赤肉団上に一無位の真人あり，
常に汝等諸人の面門より出入す。
未だ証拠せざる者は看よ看よ。
時に僧有り，出でて問う，
如何なるか是れ無位の真人。
師，禅牀を下って把住して云く，
道え，道え。
其の僧擬議す。
師，托開して云く，
無位の真人，是れ什麼の
乾屎橛ぞ，といって
便ち方丈に帰る。

"Eines Tages setzte sich der Meister [Rinzai] in den Vortragssaal und sagte:

'Über der platzraubenden Masse eures rötlichen Fleisches gibt es einen Wahren Menschen ohne jeglichen Rang. Er kommt und geht ständig durch die Tore eures Gesichts. Falls ihr ihm noch nicht begegnet seid, faßt ihn, faßt ihn hier und jetzt!'

In diesem Augenblick trat ein Mönch hervor und fragte: 'Was für ein Gefährte ist dieser Wahre Mensch ohne jeglichen Rang?'

Der Meister kam plötzlich von seinem Podest herunter, ergriff den Mönch und drängte ihn:

'Sag mir! Sag mir!'

Der Mönch zuckte einen Augenblick zusammen. Der Meister schob ihn sofort von sich weg und sagte:

'Ach, was für eine unnütze Fußmatte dein Wahrer-Mensch-ohne-jeglichen-Rang doch ist!'

Und gleich darauf zog er sich in sein Zimmer zurück." [94]

Der Mönch zuckte einen Augenblick zusammen, er zögerte, er schwankte zwischen Ja und Nein, wollte eine angemessene Antwort auf die drängende Frage des Meisters geben. Gerade in diesem Augenblick war aber schon die Zweiheit, das diskursiv-diskriminierende

Denken aktiviert. Merkte man, daß sich im selben Augenblick "ein Wahrer Mensch ohne jeglichen Rang" in eine nutzlose Fußmatte verwandelte? Dieser Mönch, der das "und" *uneigentlich vor*-trug, hatte seinen Leib und seine Seele verloren. Ein die Zweiteilung bewirkendes augenblickliches Überlegen, ein diskursiv-diskriminierendes Denken, welche Form es auch immer annehmen möge, impliziert schon immer das "Ich", welches sich eines "Etwas" vor-stellend bewußt wird. Seine Grundstruktur liegt im "Wissen um", so daß das vor-stellend denkende "Ich" und das vor-stellend gedachte Objekt voneinander getrennt sind; sie stehen einander gegenüber. Das uneigentliche "und" taucht unweigerlich auf, "Gedankengebäude", "Gedankensysteme" entwickeln sich, allgemein gesagt, in diesem "Wissen um", "um 'etwas' wissen zu lassen". Mit "Rang" ist jenes augenblickliche Überlegen und jenes diskursiv-diskriminierende Denken gemeint, was wir jetzt ohne weiteres verstehen können.

Demgegenüber hat Zen es vor allem darauf abgesehen, die unverhüllte und unverborgene Ist-heit der letzten Zen-Wahrheit in "einem Wahren Menschen ohne jeglichen Rang", und zwar in beiden Aspekten der Wirklichkeit, im "Der Eichbaum im Vorgarten" und in der Werheit des Fragenden, des Antwortenden, zu verwirklichen. "Ein Wahrer Mensch ohne jeglichen Rang" trägt jenes "und" *eigentlich*, d. h. er durchmißt im mitmenschlichen Alltag – ohne eine Spur zu hinterlassen – jenen verschwundenen Sinnhorizont, die Wesenszusammengehörigkeit von den beiden Wie der Verstehens- und Verhaltensweise so, als ob er überhaupt nichts vor und hinter sich hätte. Mit dem Motto "Das Hereinkommen auf den Markt mit offenen Händen" versinnbildlicht Meister Kakuan "einen Wahren Menschen ohne jeglichen Rang" mit folgenden Worten: "Die Reisigpforte ist fest verschlossen, und selbst der weiseste Heilige kann ihn nicht sehen. Er hat sein gelichtetes Wesen schon tief vergraben und erlaubt sich, von den befahrenen Geleisen der altehrwürdigen Weisen sich abzuwenden. Bald kommt er mit einem ausgehöhlten Kürbis herein auf den Markt, bald kehrt er mit einem Stab in seine Hütte zurück. Wie es ihm gefällt, besucht er die Weinkneipen und Fischbuden, um die betrunkenen Menschen zu sich selbst erwachen zu lassen."[95]

Von "einem Wahren Menschen ohne jeglichen Rang" brauchen wir nicht mehr viel zu hören. Buddha, Bodhidharma, Meister Rinzai, Meister Johshu, Meister Mumon, Meister Fuketsu, Meister Kakuan, Meister Dogen, Meister Hakuin und Meister So-en Nakagawa, der 10. Nachfolger Meister Hakuins – ein jeder von ihnen ist "ein Wahrer Mensch ohne jeglichen Rang". Schon von dem Mönch, der dem Meister jene Frage gestellt hatte, können wir lernen. Wir dürfen nicht so einfach wie er irgendeine Frage stellen, damit wir nur *um* "einen Wahren Menschen ohne jeglichen Rang" *wissen.* Angenommen, Meister Rinzai hätte auf die Frage des Mönchs eine zufriedenstellende Antwort oder eine Erklärung gegeben, hätte der Mönch "einen Wahren Menschen ohne jeglichen Rang" verstehen können?

Wie wir jetzt sehen können, müssen wir mit Ausdauer das, was uns zunächst unverständlich zu sein scheint, als solches aus-tragen. Sonst würde sich jener Sinnhorizont keinem von uns je erschließen. Denn der Sinnhorizont jeder Fragestellung bildet sich in unserer Sinnbestimmtheit und Sinnartikulierbarkeit gerade von dem zunächst vermeintlich Unverständlichen her aus. Wir dürfen sogar nach dem Vor-trag des Meister Rinzai keine oberflächliche Diskussion mehr fordern. Solch eine Diskussion, die zumeist nur allzu leichtfertig stattfindet, zerstört gerade das, was Meister Rinzai mit großer Leidenschaft vor-getragen hat und was wir jetzt selbst tragen müssen. Wir können höchstens in die Hände klatschen, weil "er sich gleich darauf in sein Zimmer zurückzog".

"Zen und Heidegger" – dieses Thema erregt bei uns in Japan seit Mitte der zwanziger Jahre innerhalb der Heidegger-Forschung lebhaftes Interesse. Meine Bewunderung für das Denken Martin Heideggers liegt darin, daß dieser sich seinsdenkend von Anbeginn an, noch bevor er sein Hauptwerk "Sein und Zeit" entwarf, in jener Zone zwischen der unteren und der oberen Grenze der Transzendenz, d. h. in jener metaphysisch-ontologischen Dimension befand, wo "*ein* Eichbaum *eichbäumt*" und wo Heidegger, wie im vorhin angeführten Zitat, mit dem "*nicht einerlei*"[96] erschließen, dimensionieren wollte.

Die Ortschaft dieser Dimension nennt Heidegger bedenkend zunächst "die Zeit als den transzendentalen Horizont der Frage nach dem Sein",[97] sodann "die Metontologie"[98] und "Metaphysik von der Metaphysik",[99] ferner "die onto-theo-logische Verfassung der Metaphysik",[100] weiterhin "das Sich-selbst-Überlassen der Metaphysik"[101] und schließlich: "Es gibt keine Metaphysik der Metaphysik."[102] Dabei geschieht die Verwandlung dieser verschiedenen Wortnennungen parallel zu der je sachbezogenen Abwandlung des Wie der Schrittfolge, von der Erfahrung des Nihilismus (des Nichts) ausgehend, *von* der "Überwindung der Metaphysik"[103] (von dem Problem des Nichts: "nicht-mehr-jetzt") *zu* der "Verwindung der Metaphysik" (zu dem Problem der ontologischen Differenz: "noch-nicht-jetzt"): "Zeit und Sein".[104]

So konnte er zuerst in "Sein und Zeit" die transzendentale Seinsfrage, "die Frage nach dem Sinn von Sein überhaupt", in diesem Zwischenraum, im transzendentalen Sinnhorizont, anvisieren und diesen nach der Veröffentlichung von "Sein und Zeit" auf den *Sinn* dieser Seinsfrage *be-sinnend*, d. h. philosophierend durchmessen, wie vorhin in groben Zügen dargestellt wurde. Er versuchte das, was in "Sein und Zeit" rein formal-strukturell, nämlich "vorläufig", angezeigt wurde, mit dem "Schritt zurück",[105] d. h. mit der "Wiederholung",[106] erfüllend zu entformalisieren, indem er "*den* Eichbaum" in Hinblick auf das, was den Eichbaum *als einen solchen* und dann *als solchen* artikulierend bestimmt, und darin jenen "Eichbaum überhaupt" destruierend lichten (phänomenologisch-ontologisch zurückstrahlen) ließ. Das Phänomen, um das es der Phänomenologie Heideggers geht, betrifft im Grunde jenes, "was in seinem Nichterscheinen dem Erscheinenden das Erscheinen ermöglicht"[107] und dieses jene "ist erscheinender als das Erschienene selbst".[108] Der erfragte *Sinn* läßt sich dann nur im *ur-eigentlichen* "und" von "Sein *und* Zeit", nämlich von "der ontologischen Differenz *und* dem Nichts", durchmessend *be-sinnen*:

Sein und Seiendes	:	Seiendes und Nichts
Sein (Seiendes	:	Seiendes) Nichts
Sein	:	Nichts

Von dieser ursprünglichen Ortschaft her gliederte Heidegger mit Recht mit dem ur-eigentlichen "und" sein Hauptwerk "Sein und Zeit" in zwei Teile,[109] d. h., mit unserer Untersuchung verglichen, in die zweifach-einig gegliederte Fragestellung nach dem Nichts "und" nach der Sprache. Das, was diese Gegliedertheit als solche ausmacht und aufreißt, ist, rein formal-strukturell gesehen, dem *Sinn* der Grundstruktur des "Tao"[110] und des "Satori" ("Losgelöstsein") des "Mu" ("Nichts") und seinem zweifachen Geschehenscharakter, nämlich dem Nicht, im Zen gleich, der sich in der metaphysisch-ontologischen Dimension entziehend ereignet.

In bezug auf die Möglichkeit jener *Rückkehr* möchte ich jedoch eine Frage an Heidegger stellen und darauf – bei aller Verehrung, die ich für sein Seinsdenken habe – zu antworten versuchen: Hat er "sich unter *einem* Stern befindlich" gesehen oder nicht, da er selbst in seiner 1947 verfaßten Schrift "Aus der Erfahrung des Denkens" denkend-dichtend gesungen hat: "Auf einen Stern zugehen, nur dieses"?[111] Meine Antwort würde lauten: Nein *und* ja! – Nein, wenn man das Jahr 1947, ja, wenn man das Jahr 1976 meint. Er schläft in seiner Heimatstadt Meßkirch unter *einem* Stern.[112]

Ich habe in meinem Vor-trag versucht, unser gemeinsames Übungsthema "Zen – anders denken?" in strengem Sinne zen-gemäß vor-zu-tragen, ohne daß das Übungsthema und die Methode seiner Durchführung und ohne daß die Verstehensweise und Verhaltensweise voneinander getrennt würden.

Vergeßt die "Dialektik" und die "Entwicklung", welche stets der linearen Vor-stellung des nivellierten Zeitverständnisses zugrunde liegen! Es gibt weder Dialektik noch Entwicklung! Es gab und gibt nur *Wiederholung*![113] Ja, es wird nur jene *Wiederholung* geben, in die ihr alle, und zwar in einem "Wie", in dem alles "Was" zerstäubt und in dem "anders denken?" gründet, endlich hineinwachsen müßt!

Die japanischen Künste, z. B. Teezeremonie, Bogenschießen, Blumenstecken, Malerei, Kalligraphie, Haiku-Dichtung, No-Theater usf., sind gerade in jenem Sinnhorizont, in jenem eigentlichen "und" aufgeblüht und werden da bleiben als wiederholte und zu wiederholende Zen-Wahrheit, ohne daß dabei jene unartikulierte Ist-heit als solche durch die Begriffsbildung verletzt würde.

"Welchen Sinn hat es, daß der Patriarch vom Westen her kam?" – "Der Eichbaum im Vorgarten!"

"Ein Wahrer Mensch ohne jeglichen Rang" – der Mensch im Rinzai-Zen kann so, vollkommen befreit von Wörtern, sprechen und sich so frei verhalten. Er ist jenes eigentlichen "und" Herr und läßt jeden einzelnen von Ihnen, der hierzu bereit ist, Herrn dieses eigentlichen "und" sein.

Wenn er, "ein Wahrer Mensch ohne jeglichen Rang", am Abend des 24. Juni 1983 im Senatssaal in der Universität Freiburg seinen Vor-trag "Zen – anders denken?" hält und wenn dieser an sein Ende gekommen ist, muß er seinen lieben Zuhörern freundlicherweise sagen: Ich habe euch alles, was "Zen – anders denken?" betrifft, gezeigt. Deshalb stellt euch eure eigentlichen Fragen selbst! Stellt den anderen nicht voreilig eure Fragen! Verlangt nicht zu leichtsinnig von den anderen die Antwort! Arbeitet an euren eigentlichen Fragen mit Ausdauer! Dann werden wir uns *bald* in jenem *einst* versunkenen und verschwundenen Sinnhorizont wiedersehen! Und er darf *gerade* nicht vergessen zu sagen:

"Meine Damen und Herren, *Gute Nacht*!"

Nach–Wort

Um das Phänomen Zen beschreibend "darzustellen", kann gerade für europäische Leser die Methode und Methodologie Martin Heideggers hilfreich sein. Dabei gilt es, seinen verborgenen Denkansatz, d. h. die wesentliche Rolle seines Hauptwerkes "Sein und Zeit" und dessen Gliederung für alle seine übrigen Werke zu verstehen. Das aber bedeutet zu verstehen, was Heidegger sagen *wollte*, aber nicht sagen *konnte*. Darin und nur darin *ist* viel Sinn.

*

Am Abend des 26. März 1984 erfuhr ich, daß mein hochverehrter Zen-Meister So-en Nakagawa am 11. März im Alter von 76 Jahren gestorben ist. Wie gern hätte ich ihm mitgeteilt, daß ich, nach etwa zehnjährigem Schweigen, eine kleine Schrift über ihn verfaßt habe, die ich ihm als Zeichen verehrungsvollen Dankes bald hätte überreichen können. An jenem Abend habe ich in tiefer Trauer zwei Haiku-Dichtungen Nakagawas wiederholt rezitiert. Ich hatte sie vor vier Jahren hier in Deutschland von einem seiner Mönche gehört:

Chūkū ya –
Abu todomarite
Kinome nobu

In der Luft –
Stechfliege bleibt stehn
Sproß treibt aus

Dieses Haiku soll der Meister selbst mit den Worten erläutert haben: "Dies nennt man die Dimension der Nicht-Dimension!"

Nanohana ya –
Sarani nageutsu
Mono no nashi

Eine Rapsblüte –
Was man auch noch fortwürfe,
Weiter gibt es nichts

Dieses Haiku soll rezitiert worden sein bei einer Rikyū-Tee-Zeremonie, die jedes Jahr am 28. Februar, dem Todestag des berühmten Tee-Meisters Rikyū (1521–1591), des Gründers der heutigen Urasenke-Tee-Schule, stattfindet. In dem Tee-Zimmer, wo diese Rikyū-Tee-Zeremonie in Anwesenheit des Meisters So-en Nakagawa veranstaltet wurde, mag unter einem Rollbild mit einem Zen-Spruch in eine schlichte kleine Vase nur eine einzige gelbe Rapsblüte gesteckt worden sein.

Wer hätte denn geglaubt, daß diese kleine Schrift "Zen – anders denken?" in tiefer Trauer enden würde? Sollte diese Schrift selbst, die mit der schicksalhaften Begegnung mit Meister So-en Nakagawa anfing und im Abschied von ihm endet, auch so schließen, wie jener Kreis, von selbst geschlossen, ohne eine Spur zu hinterlassen, versinkt und verschwindet?

Ich verabschiede mich von einem Schicksal

und von dieser Schrift, vor allem davon, daß sie von einer unergründbaren Kraft auf diese Weise des “anders denken?” verfaßt wurde. All denen, die sie auf dem Weg zu ihrer Publikation begleiteten, möchte ich herzlich danken – besonders aber Herrn Professor Otto Friedrich Bollnow, Tübingen, der sie warm unterstützte, Herrn Professor Medard Boss, Zürich, der mir Mut zusprach und in tiefgreifendem Gespräch Anteil an dieser Schrift nahm, Herrn Hans-Rainer Sepp, Freiburg i. Br., der sich bewundernswert mit ihr auseinandersetzte, und vor allem Herrn Lothar Stiehm, der sie in seinem Verlag noch im Todesjahr von Meister So-en Nakagawa in Druck nahm.

Freiburg im Breisgau,
am Geburtstag des Buddha 1984

Anmerkungen

Einleitung

1) Das Kapitel "Ein Lebenslauf als vorbereitende Einleitung", jetzt an einigen Stellen erweitert, wurde zu Beginn des Vortrags von der Vorsitzenden des Deutsch-Japanischen Kulturvereins Freiburg i. Br., Frau Kiku Manshard, vorgetragen.

2) Vgl. dazu: Dietrich Krusche, *Haiku. Bedingungen einer lyrischen Gattung*, 2. Aufl., Tübingen und Basel: Horst Erdmann Verlag 1972.

3) Basho war ein gefeierter Haiku-Dichter (1646–1696).

4) Sein Hauptwerk "Was ist Religion?" liegt inzwischen ins Deutsche übersetzt vor. Keiji Nishitani, *Was ist Religion?*, Frankfurt a. M.: Insel Verlag 1982. Titel der Originalausgabe: *Shukyo towa nanika*, Tokyo: Sobunsha 1961.

5) Friedrich Nietzsche, *Der Wille zur Macht*, Stuttgart: Alfred Kröner Verlag 1964, S. 418, Nr. 617.

6) Ebd.

7) Friedrich Nietzsche, *Die fröhliche Wissenschaft*, Stuttgart: Alfred Kröner Verlag 1956, S. 213, Nr. 324.

Vor-Wort

8) Lin Chis grundlegende theoretische und praktische Auffassung ist in dem Buch "Die Sprüche

und Handlungen des Lin Chi" (jap.: Rinzai Roku) überliefert. Dieses "Rinzai Roku" wurde zunächst im Jahre 1120 in China zusammengefaßt und veröffentlicht und ist im Jahre 1320 in Japan erschienen. *Rinzai Roku*, übersetzt und kommentiert von Sogen Asahina, 17. Aufl., Tokyo: Iwanami shoten 1967, Iwanami bunko 1202–1202a. Das chinesische Rinzai-Zen wurde im 12. Jahrhundert von Eisai (1141–1215) nach Japan gebracht, der dadurch zum gegeschichtlichen Begründer des Rinzai-Zen in Japan wurde. Vgl. dazu: Toshihiko Izutsu, *Philosophie des Zen-Buddhismus*, Reinbek bei Hamburg: Rowohlt Taschenbuch Verlag 1979, S. 112 ff.

9) Mit "metaphysisch" ist nicht jener Bereich gemeint, worin die traditionellen metaphysischen Worte gedacht wurden, wie wir später, vor allem im dritten Teil, näher sehen werden.

10) Dieses "eigentlich" bezeichnet nicht die existenziale Grundmöglichkeit des Daseins und ist nicht mit dem Entwurfscharakter und mit dem "Man" vor der "Kehre" Heideggers gleichzusetzen (vgl. Anm. 93).

Erster Teil

11) *Bi Yän Lu* (im Japanischen: *Hekigan Roku*, übersetzt und kommentiert von Sogen Asahina, 21. Aufl., Tokyo: Iwanami shoten 1975, Iwanami bunko 33–311–1, 2, 3.), verdeutscht und erläutert von Wilhelm Gundert, München: Carl Hanser Verlag 1977.

12) Die Wendung "as-it-is-ness", "isness" oder "suchness" stammt aus D. T. Suzukis englischer Übertragung des sanskritischen Wortes "tathatā" in: D. T. Suzuki, *Zen and japanese culture*, Bollingen Series LXIV, New York: Bollingen

1959, revised and enlarged second edition (1st edition: *Eastern Buddhist Society*, Kyoto, 1938), S. 16, 35, 175, 228, 230, 347 und 413. Bemerkenswert ist, daß Suzuki die Wendung Meister Eckharts "Gotes Isticheit" oder "Gotes Istikeit" als "God's isness" übersetzt hat (ebd., S. 313), im Unterschied zu Quints Übertragung "Gottes Seinsheit" in: Meister Eckhart, *Die deutschen und lateinischen Werke. Predigten*, hrsg. und übersetzt von Josef Quint, Stuttgart: Verlag W. Kohlhammer, Bd. I (1958), S. 197 und Bd. III (1976), S. 333, 339. Die Wendung "Gottes Ist-heit" (God's isness) oder "Ist-heit" ist auch zu finden in: D. T. Suzuki, *Der westliche und der östliche Weg*, Frankfurt a. M., Berlin, Wien: Verlag Ullstein 1982, S. 16, 40, 42, 55, 62, 71, 88, 89, 104 und 131 und in: *Meister Eckhart: Mystik and Philosopher*, Translations with commentary by Reiner Schürmann, Studies in Phenomenology and Existential Philosophy, Bloomington & London: Indiana University Press 1978, S. 221 f. Weiter ist die Wendung "is-ness" zu finden in: Toshihiko Izutsu "The Structure of Selfhood in Zen-Buddhism" in: *Eranos Jahrbuch 1969*, Bd. XXXVIII, Zürich: Rhein-Verlag 1972, S. 96 und 147, und die Wendung "Ist-heit" in: T. Izutsu, *Philosophie des Zen-Buddhismus*, a. a. O., S. 12 und 56. Auch Heidegger selbst gibt uns andeutungsweise einen Zugang zum Verständnis, welche Funktion diejenigen Wörter bei ihm aufweisen, welche die Endung "-heit", "-keit" und "-sein" tragen, und zwar in Hinblick auf "Istic-heit" Meister Eckharts in: *Vier Seminare*, Frankfurt a. M.: Vittorio Klostermann 1977, S. 63.

13) Eine deutsche Übersetzung von "Mumon Kan" ("Die torlose Schranke"), liegt in drei Fassungen vor: 1) Zenkei Shibayama, *Zu den Quellen des Zen*, 1. Aufl., Weilheim/Obb.: Otto Wilhelm Barth Verlag 1976; 2) *Mumonkan. Die*

Schranke ohne Tor, übersetzt und erläutert von Heinrich Dumoulin, Mainz: Matthias Grünewald-Verlag 1975; und 3) *Das Wu-men kuan. Zutritt nur durch die Wand*, übersetzt und mit Einleitung und Anmerkungen versehen von Walter Liebenthal, Heidelberg: Verlag Lambert Schneider 1977. Darüberhinaus liegen zwei, nicht vollständige Übersetzungen vor: *Zen. Der lebendige Buddhismus in Japan.* Ausgewählte Stücke des Zen-Textes, übersetzt u. eingeleitet von Schûej Ohasama, hrsg. von August Faust, Geleitwort von Rudolf Otto. Gotha/Stuttgart 1925 und *Das Wu-men-kuan oder Der Paß ohne Tor*, übersetzt und erklärt von Heinrich Dumoulin, Peking 1943, Mon. Serica, Bd. VIII, S. 41–102 (Nachdruck: Tokyo Monumenta Nipponica Monographs, No. 13).

14) Zenkei Shibayama, *Zu den Quellen des Zen*, a. a. O., S. 316.

15) Ebd.

16) Rudolf Otto, *West-östliche Mystik*, 3. Aufl., München: Verlag C. H. Beck 1971, S. 173.

17) A. a. O., S. 271 f. 18) A. a. O., S. 269.

19) Daisetz T. Suzuki, *Die große Befreiung. Einführung in den Zen-Buddhismus*, 10. Aufl., Weilheim/Obb.: Otto Wilhelm Barth Verlag 1983, S. 16.

20) A. a. O., S. 16 f. 21) A. a. O., S. 17.

22) Meister Eckhart, *Deutsche Predigten und Traktate*, hrsg. und übersetzt von Josef Quint, München: Carl Hanser Verlag 1955, S. 357.

23) Das japanische Wort "Busshō" wird zumeist als die "Buddha-Natur" oder als das "Wesen Buddhas" übersetzt. Das Wort "Buddhaheit" entstammt hingegen meinen eigenen Überlegungen. Denn man versteht hier in Europa unter

"Natur" oder "Wesen" die aristotelische Vorstellung des Substantiellen und des Immer-fest-Bleibenden. Die "Buddhaheit" nennt die apriorische Grundstruktur dessen, was den Buddha als solchen ausmacht.

24) Josef Quint, *Predigten*, a. a. O., S. 371.

25) A. a. O., S. 373.

26) *Bi Yän Lu*, a. a. O., Bd. I, S. 357.

27) Angelus Silesius, *Cherubinischer Wandersmann*, eingeleitet und unter Berücksichtigung neuer Quellen erläutert von Will-Erich Peuckert, Bremen: Carl Schünemann Verlag, o. J. [3. Aufl. 1948], S. 37.

28) A. a. O., S. 14.

29) Josef Quint, *Predigten*, a. a. O., S. 215.

30) Kuo An, *Der Ochs und sein Hirte*. Übersetzt und herausgegeben von K. Tsujimura und Hartmut Buchner. 2. Aufl., Pfullingen: Verlag Günther Neske 1973, S. 41 f.

31) Martin Heidegger, *Was ist Metaphysik?*, 9. Aufl., Frankfurt a. M.: Vittorio Klostermann Verlag 1965, S. 42.

32) *Meister Eckhart. Deutsche Mystiker des vierzehnten Jahrhunderts*, Bd. II, herausgegeben von Franz Pfeiffer, Neudruck der Ausgabe Leipzig 1857, Aalen: Scientia Verlag 1962, S. 82.

33) Josef Quint, *Predigten*, a. a. O., S. 407.

Zweiter Teil

34) Zenkei Shibayama, *Zu den Quellen des Zen*, a. a. O., S. 31 f.

35) Hinsichtlich des Eckhart-Exkurses, den die Ver-

fasserin für ihre Exposition eines Fragens nach dem Sinn von Zen unternahm, dankt sie vor allem Herrn Prof. Shizuteru Ueda und seiner Interpretation zu Meister Eckhart: *Die Gottesgeburt in der Seele und der Durchbruch zur Gottheit,* Gütersloh: Gütersloher Verlagshaus Gerd Mohn 1965. Sie hat seine Interpretation aufgenommen, teils ohne Anführungszeichen zitiert und teils zusammenfassend dargestellt (insbesondere S. 145–169), aber streng aus der Blickrichtung auf das "Zen – anders denken?" hin rekonstruiert und weitergeführt; sie betrachtet es als glückliche Gelegenheit, in diesem Vortrag Prof. Uedas Eckhart-Interpretation vorstellen zu können. Es sei hier auch der separate Druck genannt: Shizuteru Ueda, "Der Zen-Buddhismus als 'Nicht-Mystik', unter besonderer Berücksichtigung des Vergleichs zur Mystik Meister Eckharts" in: *Transparente Welt. Festschrift zum sechzigsten Geburtstag von Jean Gebser*, Bern und Stuttgart: Verlag Hans Huber 1965, S. 291–313. Japanischen Lesern ist Shizuteru Uedas Buch *Zen Bukkyo. Kongenteki Ningen* ("Zen Buddhismus. Ursprünglicher Mensch"), Tokyo: Chikuma shobo 1975 zu empfehlen. Die Verfasserin dankt nicht minder Herrn Prof. Keiji Nishitani und dessen Eckhart-Interpretation *Kami to Zettaimu* ("Gott und das absolute Nichts"), Tokyo: Sobunsha 1971, S. 10–12, 87–96.

36) Martin Heidegger, *Was ist Metaphysik?*, a. a. O., S. 46.

37) A. a. O., S. 46 f.

38) D. T. Suzuki, *Die große Befreiung*, a. a. O., S. 13.

39) J. P. Sartre, *Der Ekel*, Reinbek bei Hamburg: Rowohlt Taschenbuch Verlag 1973, S. 5.

40) A. a. O., S. 134 f.

41) A. a. O., S. 135.

42) Edmund Husserl, *Logische Untersuchungen*, Bd. II, Teil II, Tübingen: Max Niemeyer Verlag 1968, S. 130.

43) Die zweite Strophe des Gedichts "Hälfte des Lebens" von Friedrich Hölderlin. In: *Sämtliche Gedichte*, Studienausgabe in zwei Bänden, herausgegeben und kommentiert von Detlev Lüders, Bd. I, Homburg v. d. H.: Athenäum Verlag 1970, S. 300. Das Gedicht lautet vollständig:

Mit gelben Birnen hänget
Und voll mit wilden Rosen
Das Land in den See,
Ihr holden Schwäne,
Und trunken von Küssen
Tunkt ihr das Haupt
Ins heilignüchterne Wasser.

Weh mir, wo nehm' ich, wenn
Es Winter ist, die Blumen, und wo
Den Sonnenschein,
Und Schatten der Erde?
Die Mauern stehn
Sprachlos und kalt, im Winde
Klirren die Fahnen.

44) Masaji Nakanishi, *Yumi to Zen* ("Bogenschießen und Zen"), 1. Aufl., Tokyo: Shunjusha 1969.

45) Er hat als junger Vertreter seines Meisters Kenran Umeji Graf Dürckheim gelehrt.

46) Das "Nur-Zazen" heißt jap. "Shikan Taza". Vgl. dazu: T. Izutsu, *Philosophie des Zen-Buddhismus*, a. a. O., S. 112 f.

47) A. a. O., S. 13 und *Dogen*, Bd. I, Tokyo: Iwanami shoten 1970, S. 13 f., 36, 213, 424.

48) *Dogen Zenji's Shobogenzo. Die Schatzkammer der Erkenntnis des Wahren Dharma*, Zürich:

Theseus-Verlag 1975 und 1983. Zur Zeit sind zwei Drittel der 75 Bände übersetzt.

49) Martin Heidegger, *Sein und Zeit,* 10. Aufl., Tübingen: Max Niemeyer Verlag 1963, S. 350.

50) Martin Heidegger, *Unterwegs zur Sprache*, 6. Aufl., Pfullingen: Verlag Günther Neske 1979, S. 216. Auch in Heideggers Buch *Identität und Differenz*, 3. Aufl., Pfullingen: Verlag Günther Neske 1957, stehen auf Seite 72 folgende Sätze: "Das Schwierige liegt in der Sprache. Unsere abendländischen Sprachen sind in je verschiedener Weise Sprachen des metaphysischen Denkens. [...] Das kleine Wort 'ist', das überall in unserer Sprache spricht und vom Sein sagt, auch dort, wo es nicht eigens hervortritt, enthält – vom *ἔστιν γὰρ εἶναι* des Parmenides an bis zum 'ist' des spekulativen Satzes bei Hegel und bis zur Auflösung des 'ist' in eine Setzung des Willens zur Macht bei Nietzsche – das ganze Geschick des Seins."

51) In der überarbeiteten und erweiterten Auflage des Buches *Yumi to Zen* ("Bogenschießen und Zen"), Tokyo: Shunjusha 1977, beschreibt der Verfasser Masaji Nakanishi seine Begegnung mit mir auf dem Weg des Bogenschießens (S. 197–206). Aus unserem Briefwechsel hat er dieses Lobgedicht von Meister So-en Nakagawa in sein Buch aufgenommen (S. 199).

52) Mit "neun Himmel" ist das Universum im ganzen gemeint. Dieser Ausdruck taucht in den Zen-Sprüchen oft auf.

53) Karlfried Graf Dürckheim, *Hara. Die Erdmitte des Menschen*, 3. Aufl., Weilheim/Obb.: Otto Wilhelm Barth Verlag 1967.

54) Die beiden Sessins fanden im März 1974 bei Graf Dürckheim in Todtmoos-Rütte und bei Dr. Willi Massa in St. Augustin bei Bonn statt.

55) Vgl. dazu: D. T. Suzuki, *Die große Befreiung*, a. a. O., S. 78 ff., und: T. Izutsu, *Philosophie des Zen-Buddhismus*, a. a. O., S. 32 ff.

56) T. Izutsu, *Philosophie des Zen-Buddhismus*, a. a. O., S. 41. Dieses Sutra lautet im Sanskritischen: Rūpaṃ śūnyatā, śūnyataiva rūpaṃ. Rūpām na pṛthak śūnyatā, sūnyatāyā na pṛthag rūpaṃ.

57) A. a. O., S. 95.

Dritter Teil

58) T. Izutsu, *Philosophie des Zen-Buddhismus*, a. a. O., S. 90 f. Vgl.: Z. Shibayama, *Zu den Quellen des Zen*, a. a. O., S. 217–224.

59) Martin Heidegger, *Unterwegs zur Sprache*, a. a. O., S. 30 f. Die Wendung "Die Sprache spricht" durchzieht von S. 12 an die ganze Schrift.

60) Zum ersten Mal taucht die "Seinsvergessenheit" in Heideggers Vorlesung "Einführung in die Metaphysik" vom Sommersemester 1935 auf (erschienen in der 3. Aufl., Tübingen: Max Niemeyer Verlag 1966, S. 14 f., 19 und 155), in der Vorlesung "Der Wille zur Macht als Kunst" vom Wintersemester 1936/37 (in: *Nietzsche*, 2. Aufl., Bd. I, Pfullingen: Verlag Günther Neske 1961, S. 225–230), in der Vorlesung "Die ewige Wiederkunft des Gleichen und der Wille zur Macht" vom Sommersemester 1939 (a. a. O., Bd. II, Pfullingen 1961, S. 13), in "Die Erinnerung in die Metaphysik" (1941) (ebd., S. 487 f.) und in "Nietzsches Wort 'Gott ist tot'" (1943) (in: *Holzwege*, Frankfurt a. M.: Vittorio Klostermann Verlag 1950, S. 243). Unter der bestimmten Problematik der "Überwindung der Metaphysik" im

"Nachwort (1943) zu *Was ist Metaphysik?*" und somit auch der "Überwindung des Nihilismus" (in: *Nietzsche*, Bd. II, a. a. O., S. 365–370: "Die seinsgeschichtliche Bestimmung des Nihilismus" aus den Jahren 1944 bis 1946) wird die "Seinsvergessenheit" jedoch erst im Jahre 1946 (in "Der Spruch des Anaximander", in: *Holzwege*, a. a. O.) wie folgt genannt: "Die Seinsvergessenheit ist die Vergessenheit des Unterschiedes des Seins zum Seienden" (S. 336) und: "Erst wenn wir das Ungedachte der Seinsvergessenheit als das zu Denkende geschichtlich erfahren und das lang Erfahrene am längsten aus dem Geschick des Seins gedacht haben, mag das frühe Wort vielleicht im späten Andenken ansprechen" (S. 337). Auch in: *Über den Humanismus* (1946) (Frankfurt a. M.: Vittorio Klostermann o. J., S. 17 und 25 f., Einzelausgabe), unter der Problematik der "Kehre": "Diese Kehre ist nicht eine Änderung des Standpunktes von 'Sein und Zeit', sondern in ihr gelangt das versuchte Denken erst in die Ortschaft der Dimension, aus der 'Sein und Zeit' erfahren ist und zwar erfahren aus der Grunderfahrung der Seinsvergessenheit." Ferner in der "Einleitung (1949) zu *Was ist Metaphysik?*" (ebd., S. 12 f., und 18) und in "Überwindung der Metaphysik" (1951) (in: *Vorträge und Aufsätze. Teil I*, 3. Aufl., Pfullingen: Verlag Günther Neske 1967, S. 63 f., 70 f. und 82 ff.), in: "Zur Seinsfrage" (1955) (in: *Wegmarken*, Frankfurt a. M.: Vittorio Klostermann 1967, S. 243 und 250) und in: *Zur Sache des Denkens* (1962) (Tübingen: Max Niemeyer Verlag 1969, S. 31 und 44).

61) Heidegger, "Die Erinnerung in die Metaphysik" (1941) (in: *Nietzsche*, Bd. II, a. a. O., S. 481), *Hölderlins Hymne "Andenken"* (1941/42) (Gesamtausgabe, Bd. 52, Frankfurt a. M.: Vittorio Klostermann 1982), das "Andenken" (1943) (in: *Erläuterung zu Hölderlins Dichtung*, 3.

Aufl., Frankfurt a. M.: Vittorio Klostermann 1963, S. 75–143), in "Zur Erörterung der Gelassenheit" (1944/45) (in: *Gelassenheit*, 6. Aufl., Pfullingen: Verlag Günther Neske 1979, S. 60), in: *Über den Humanismus* (1946) (a. a. O., S. 23, 26, 42, 45), in: *Aus der Erfahrung des Denkens* (1947) (Pfullingen: Verlag Günther Neske 1954, S. 19), in der "Einleitung (1949) zu *Was ist Metaphysik?*" (a. a. O., S. 9, 11, 17 und 21), in "Überwindung der Metaphysik" (1951) (in: *Vorträge und Aufsätze. Teil I*, a. a. O., S. 71), in: *Was heißt Denken?* (1952) (Tübingen: Max Niemeyer Verlag 1971, S. 149, 159), in: *Feldweg* (1953) (3. Aufl., Frankfurt a. M.: Vittorio Klostermann 1962, S. 2), in: "Wer ist Nietzsches Zarathustra?" (1953) (in: *Vorträge und Aufsätze*, a. a. O., S. 99), in "Zur Seinsfrage" (1955) (in: *Wegmarken*, a. a. O., S. 244 und 253) und in: *Zur Sache des Denkens* (1962) (a. a. O., S. 7).

62) Heidegger, *Gelassenheit*, 6. Aufl., Pfullingen: Verlag Günther Neske 1979, S. 23. Zum Verständnis des Wortes "Das Ding" bei Heidegger seien folgende Sätze aus dem 1950 gehaltenen Vortrag "Das Ding" (in: *Vorträge und Aufsätze. Teil II*, 3. Aufl., Pfullingen: Verlag Günther Neske 1967, S. 49 f.) angeführt: "Weil das Wort Ding im Sprachgebrauch der abendländischen Metaphysik das nennt, was überhaupt und irgendwie etwas ist, deshalb ändert sich die Bedeutung des Namens 'Ding' entsprechend der Auslegung dessen, was ist, d. h. des Seienden. Kant spricht in der gleichen Weise wie der Meister Eckhart von den Dingen und meint mit diesem Namen etwas, das ist. [...] Weder die längst vernutzte allgemeine Bedeutung des in der Philosophie gebrauchten Namens 'Ding' noch die althochdeutsche Bedeutung des Wortes 'thing' helfen uns aber das geringste in der Notlage, die Wesensherkunft dessen zu erfah-

ren und hinreichend zu denken, was wir jetzt vom Wesen des Kruges sagen. Wohl dagegen trifft zu, daß *ein* Bedeutungsmoment aus dem alten Sprachgebrauch des Wortes thing, nämlich 'versammeln', auf das zuvor gedachte Wesen des Kruges anspricht."

63) Kuo An, *Der Ochs und sein Hirte*, a. a. O., S. 45.

64) Ingeborg Bachmann, *Werke*, Bd. I, München/Zürich: R. Piper & Co. Verlag 1978, S. 171.

65) Gottfried Benn, *Gesammelte Werke in vier Bänden*, herausgegeben von Dieter Wellershoff, 4. Aufl., Bd. 3, Wiesbaden: Limes Verlag 1960 u. 1963, S. 208. Das Gedicht "Ein Wort" legt Heidegger in seiner Schrift *Unterwegs zur Sprache* (a. a. O., S. 177) aus.

66) Die von Heidegger selbst geprägte kürzeste Formulierung des komplexen Grundbegriffs "Fundamentalontologie" oder "fundamentalontologisch", die uns andeutend zum Verständnis dienen möge, ist: "Die Metaphysik des Daseins als Fundamentalontologie", in: *Kant und das Problem der Metaphysik*, 3. Aufl., Frankfurt a. M.: Vittorio Klostermann Verlag 1965, S. 208.

67) Gottfried Benn, *Werke in vier Bänden*, a. a. O., 3. Aufl., Bd. 4, Wiesbaden u. München: Limes Verlag 1977, S. 13.

68) Heidegger, *Was ist Metaphysik?*, a. a. O., S. 24.

69) Vgl. andere Übersetzungen dieses Gedichts Paul Verlaines: "Es weint mein armes Herz, wie auf die Stadt es regnet" in: Paul Verlaine, *Gedichte*. Französisch-Deutsch, 2. Aufl., Leipzig: Verlag Philipp Reclam jun. 1980, Reclams Universal-Bibliothek, Bd. 368, S. 8 f. – "Es weint mir tief im Herzen, wies regnet auf die Stadt." In: Paul Verlaine, *Gedichte*. Französisch und Deutsch. Herausgegeben und übertragen von Hannelise

Hinderberger, 4. Aufl., Heidelberg: Verlag Lambert Schneider 1979, S. 112 f.

70) "Dreißig Schläge mit dem hölzernen Schlagstock" ist als Behandlungsart von Meister Ohbaku (chin. Huang-po) bekannt. In dem Buch *Die große Befreiung* von D. T. Suzuki, a. a. O., S. 130, ist diese Behandlungsart wie folgt geschildert: "Als Rinzai (Lin-chi) sich demütig den dreißig Schlägen des Ohbaku (Huang-po) unterwarf, bot er einen jämmerlichen Anblick, aber sobald er Satori erlebt hatte, war er ein ganz anderer Mensch. Sein erster Ausruf war: 'Es ist im Grunde nicht viel dran am Buddhismus des Ohbaku.' Und als er neuerlich das vorwurfsvolle Gesicht des Ohbaku sah, gab er dessen Gunstbezeugung zurück und schlug ihn ins Gesicht. 'Was für eine Anmaßung, was für eine Unverschämtheit!' mag einer denken. Aber Rinzais Rauheit war begründet; kein Wunder, daß Ohbaku über diese Behandlung sehr erfreut war."

71) Heidegger, *Unterwegs zur Sprache*, a. a. O., S. 157–216.

72) *Dogen*, a. a. O., Bd. II, S. 183. *Dogen Zenji's Shobogenzo. Die Schatzkammer der Erkenntnis des Wahren Dharma*, a. a. O., Bd. II, S. 82.

73) Heidegger, *Was ist Metaphysik?*, a. a. O., S. 24–42, und *Über den Humanismus*, a. a. O., S. 43 f.

74) Heidegger, *Sein und Zeit*, a. a. O., S. 19, 23–25, und *Die Grundprobleme der Phänomenologie*, Gesamtausgabe, Bd. 24, Frankfurt a. M.: Vittorio Klostermann Verlag 1975, S. 22 f. und 388–469.

75) Dieses "einst" haben wir schon im Gedicht Meister Fuketsus gehört. Der Wendung "gerade" begegnen wir in dieser Schrift "Zen – anders denken?" ständig. Und um zwei Beispiele für "bald" zu geben, lesen wir zwei Gedichte: J. W.

von Goethes "Wandrers Nachtlied II" und Hans Carossas "Der alte Brunnen" (Hervorhebungen von der Verf.).

Wandrers Nachtlied II (J. W. von Goethe)

Über allen Gipfeln
Ist Ruh,
In allen Wipfeln
Spürest du
Kaum einen Hauch;
Die Vögelein schweigen im Walde.
Warte nur, *balde*
Ruhest du auch.

Der alte Brunnen (Hans Carossa)

Lösch aus dein Licht und schlaf! Das immer wache
Geplätscher nur vom alten Brunnen tönt.
Wer aber Gast war unter meinem Dache,
Hat sich stets *bald* an diesen Ton gewöhnt.

Zwar kann es einmal sein, wenn du schon mitten
Im Traume bist, daß Unruh geht ums Haus,
Der Kies beim Brunnen knirscht von harten Tritten,
Das helle Plätschern setzt auf einmal aus,
Und du erwachst, – dann mußt du nicht erschrecken!
Die Sterne stehn vollzählig überm Land,
Und nur ein Wandrer trat ans Marmorbecken,
Der schöpft vom Brunnen mit der hohlen Hand.

Er geht gleich weiter, und es rauscht wie immer.
O freue dich, du bleibst nicht einsam hier.
Viel Wandrer gehen fern im Sternenschimmer,
Und mancher noch ist auf dem Weg zu dir.

Heidegger selbst hat dieses dichterische Sagen von "ist" im Gedicht "Wandrers Nachtlied II" bewundert, und in *Einführung in die Metaphysik*, a. a. O., S. 68, schreibt er: "Über allen Gipfeln/ist Ruh'; das 'ist' läßt sich gar nicht umschreiben und ist doch nur dieses 'ist'!, hingesagt in jene wenigen Verse, die Goethe mit Bleistift an den Fensterpfosten eines Bretterhäuschens auf dem Kickelhahn bei Ilmenau geschrieben (vgl. den Brief an Zelter vom 4.9.1831)." Ein weiteres Zeugnis der Bewunderung Heideggers für dieses Gedicht findet sich in: *Nietzsche*, a. a. O., Bd. II, S. 247 f. Heidegger hat die fünfte Auflage von *Was ist Metaphysik?* (1949) dem Dichter "Hans Carossa zum siebzigsten Geburtstag" gewidmet. (Es ist im übrigen die einzige Stelle, an der Heidegger – neben der häufigen Erwähnung vieler anderer Dichter in seinen Schriften – Hans Carossa nennt.) Hieraus wird deutlich, daß Heidegger möglicherweise auch in diesem Gedicht oder in anderen Werken Carossas, z. B. *Rumänisches Tagebuch* oder *Führung und Geleit*, Gemeinsamkeit gefunden hat.

76) Heidegger, *Die Grundprobleme der Phänomenologie*, a. a. O., S. 22–25, 102, 109 f. und 321 ff., und *Metaphysische Anfangsgründe der Logik*, Gesamtausgabe, Bd. 26, Frankfurt a. M.: Vittorio Klostermann 1978, S. 193, und *Vom Wesen des Grundes*, 5. Aufl., Frankfurt a. M.: Vittorio Klostermann 1965, S. 5 und 15.

77) Heidegger, *Die Grundprobleme der Phänomenologie*, a. a. O., S. 24 f., 33, 109 ff., 169 f. und 321, und *Metaphysische Anfangsgründe der Logik*, a. a. O., S. 193 f. Vgl. dazu: T. Izutsu, "Das philosophische Problem der Artikulation" in: *Philosophie des Zen-Buddhismus*, a. a. O., S. 85 f.

78) Vgl. S. 114 und auch Heidegger, *Sein und Zeit*, a. a. O., S. 35.

79) Heidegger, *Unterwegs zur Sprache*, a. a. O., S. 78.

80) Das "ist" ist von der Verf. hervorgehoben.

81) Diese Zeile steht am Ende der fünften Strophe

der Elegie "Brot und Wein" (Friedrich Hölderlin, *Sämtliche Gedichte*, a. a. O., S. 293). Vgl. dazu: Heidegger, *Unterwegs zur Sprache*, a. a. O., S. 206.

82) Siehe Anmerkung 9.

83) Das "nicht einerlei" ist von der Verf. hervorgehoben.

84) Heidegger, *Vom Wesen des Grundes*, a. a. O., S. 5.

85) Ebd.

86) Siehe Anmerkung 12.

87) Z. Shibayama, *Zu den Quellen des Zen*, a. a. O., S. 32.

88) Diese Problematik von "Zeitlichkeit und Temporalität" stellt Heidegger im Zusammenhang mit der fundamentalontologischen Frage nach dem Sinn von Sein überhaupt am radikalsten dar in: *Grundprobleme der Phänomenologie*, a. a. O., S. 22–25: "Man sieht leicht, die ontologische Differenz ist nur zu klären und für die ontologische Untersuchung eindeutig zu vollziehen, wenn der Sinn von Sein überhaupt ausdrücklich ans Licht gebracht ist, d. h. gezeigt wird, wie die Zeitlichkeit die Unterscheidbarkeit von Sein und Seiendem ermöglicht." (S. 23). – "Die Zeitlichkeit ist die Bedingung der Möglichkeit von Seinsverständnis überhaupt; Sein wird aus der Zeit verstanden und begriffen. Wenn die Zeitlichkeit als solche Bedingung fungiert, nennen wir sie Temporalität." (S. 389)

89) Das "des" von der "Wahrheit des Seins" ist von der Verf. hervorgehoben. Heidegger, *Vom Wesen der Wahrheit*, 4. Aufl., Frankfurt a. M.: Vittorio Klostermann 1961, S. 20, 26 f., in "Die Zeit des Weltbildes" (1938) (in: *Holzwege*, a. a. O., S. 89, 92, 104), in "Nietzsches Wort

'Gott ist tot'" (1943) (in: *Holzwege*, a. a. O., S. 243), überall in: *Über den Humanismus* (1946), a. a. O., in: Nachwort (1943) und Einleitung (1949) zu *Was ist Metaphysik?*, in: *Nietzsche*, Bd. II, a. a. O., S. 391, 481, und in: *Zur Sache des Denkens*, a. a. O., S. 31 f.

90) Neben der schon erwähnten Übersetzung von *Die Schatzkammer der Erkenntnis des Wahren Dharma* (siehe Anm. 48) gibt es insbesondere im Hinblick auf den Band "Sein – Zeit" von Dogen eine andere "Probeübersetzung des Textes: Sein – Zeit": Kôichi Tsujimura, "Dôgens Lehre von Sein = Zeit. Übersetzung und Anmerkungen", in: *Medard Boss zum siebzigsten Geburtstag*, herausgegeben von Gion Condrau, Bern, Stuttgart, Wien: Verlag Hans Huber 1973, S. 172 – 201.

91) Heidegger, *Kant und das Problem der Metaphysik*, a. a. O., S. 219. Außer dieser Textstelle deutet Heidegger die Grundproblematik von "und" an in: *Sein und Zeit*, a. a. O., S. 357, in: *Metaphysische Anfangsgründe der Logik*, a. a. O., S. 182, in "Kants These über das Sein" (in: *Wegmarken*, a. a. O., S. 304), in: *Zur Sache des Denkens*, a. a. O., S. 20 und 47, und in: *Vier Seminare*, a. a. O., S. 75 f.

92) Heidegger, *Kant und das Problem der Metaphysik*, a. a. O., S. 207. Vgl. auch S. 196: Endlichkeit ist "Verendlichung, d. h. 'Sorge' um das Endlich-sein-können."

93) Wie wir jetzt sehen können, fungiert dieses "eigentlich" auf dem Weg der Rückkehr zu "Der Eichbaum im Vorgarten".

Vierter Teil

94) Dieser Text stammt aus "Die Sprüche und Handlungen des Lin Chi" (jap.: Rinzai Roku). Unse-

re Übersetzung fußt im wesentlichen auf der Übertragung von T. Izutsu, *Philosophie des Zen-Buddhismus*, a. a. O., S. 106. Vgl. dazu: *Rinzai Roku* (siehe Anm. 8), a. a. O., S. 28 f.

95) Kuo An, *Der Ochs und sein Hirte*, a. a. O., S. 49.

96) Siehe Anm. 83.

97) Heidegger, *Sein und Zeit*, a. a. O., S. VII, 39, 41, Vgl. *Einführung in die Metaphysik*, a. a. O., S. 14.

98) Heidegger, *Metaphysische Anfangsgründe der Logik*, a. a. O., S. 199–202.

99) Heidegger, *Kant und das Problem der Metaphysik*, a. a. O., S. 208.

100) Heidegger, *Identität und Differenz*, a. a. O., S. 35 ff.

101) Heidegger, *Zur Sache des Denkens*, a. a. O., S. 25.

102) Heidegger, *Vier Seminare*, a. a. O., S. 144 f.

103) Bei Heidegger ist die "Überwindung der Metaphysik" gleichursprünglich mit der "Überwindung des Nihilismus", welche z. B. schon in *Einführung in die Metaphysik* (1935) auftaucht. Diese "Überwindung der Metaphysik" wird zum Thema gemacht in "Die Zeit des Weltbildes" (1938) (in: *Holzwege*, a. a. O., S. 92), in dem "Nachwort (1943) zu *Was ist Metaphysik?*", a. a. O., S. 43, ferner in "Die seinsgeschichtliche Bestimmung des Nihilismus" (1944–1946) (in: *Nietzsche*, Bd. II, a. a. O., S. 365–370), in der "Einleitung (1949) zu *Was ist Metaphysik?*", a. a. O., S. 9 f., in "Überwindung der Metaphysik" (1951) (in: *Vorträge und Aufsätze. Teil I*, a. a. O., S. 63 f., 70 f.) und in "Zeit und Sein" (1962) (in: *Zur Sache des Denkens*, a. a. O., S. 25). Die Wendung "Verwindung der Metaphysik" taucht in den 1954 von Heidegger

selbst gegebenen Hinweisen zum Aufsatz "Überwindung der Metaphysik" (1951) (in: *Vorträge und Aufsätze. Teil I*, a. a. O., S. 119) auf: "Der Text gibt Aufzeichnungen zur Verwindung der Metaphysik aus den Jahren 1936 bis 1946." Diese Wendung kommt auch in "Zur Seinsfrage" (1955) (in: *Wegmarken*, a. a. O., S. 242–253) vor.

104) Heidegger, "Zeit und Sein" in: *Zur Sache des Denkens*, a. a. O., S. 1–60.

105) Die Wendung "einen Schritt zurück gehen" taucht schon in "Sein und Zeit", und zwar in Zusammenhang mit dem Problem "der Aussage als abkünftigen Modus der Auslegung" auf (S. 155), in bezug auf unsere Thematik aber erst in "Die seinsgeschichtliche Bestimmung des Nihilismus" (1944–1946) (in: *Nietzsche*, Bd. II, a. a. O., S. 370, 390), in: *Aus der Erfahrung des Denkens*, a. a. O., S. 19, und in dem im Herbst 1946 an Jean Beaufret geschriebenen Brief *Über den Humanismus* (erschienen im Jahre 1947), S. 29, dann in dem 1950 gehaltenen Vortrag "Das Ding" (in: *Vorträge und Aufsätze. Teil II*, a. a. O., S. 54), in "Zur Seinsfrage" (1955) (in: *Wegmarken*, a. a. O., S. 250) und vor allem in dem 1957 gehaltenen Vortrag "Die onto-theo-logische Verfassung der Metaphysik" (in: *Identität und Differenz*, a. a. O., S. 45–48, 63, 71), in dem in den Jahren 1957 und 1958 gehaltenen Vortrag "Das Wesen der Sprache" (in: *Unterwegs zur Sprache*, a. a. O., S. 216) und schließlich in "Zeit und Sein" (in: *Zur Sache des Denkens*, a. a. O., S. 30, 32, 38 und 51).

106) Siehe Anm. 113.

107) Heidegger, *Vier Seminare*, a. a. O., S. 115.

108) Ebd.

109) Heidegger, *Sein und Zeit*, a. a. O., § 8. Aufriß der Abhandlung, S. 39 f.

110) Vgl. dazu die problematische Übersetzung von "Tao" als "Sinn" von Richard Wilhelm (in: *Laotse: Tao Te King*, Düsseldorf, Köln: Eugen Diederichs Verlag 1978, S. 24 ff., 39 ff.) und C. G. Jungs Stellungnahme (in: C. G. Jung und R. Wilhelm, *Das Geheimnis der Goldenen Blüte*, Zürich: Rascher Verlag 1929, S. 17, 70).

111) Heidegger, *Aus der Erfahrung des Denkens*, a. a. O., S. 7. Im Anschluß an diese Zeile heißt es weiter (Hervorhebung von der Verf.): "Denken ist die Einschränkung auf einen Gedanken, der *einst* wie ein Stern am Himmel der Welt stehen bleibt."

112) Man findet auf Heideggers Grabstein seinem letzten Willen entsprechend *einen* Stern als Epitaph.

113) Hier seien von denjenigen, die das Problem der "Wiederholung" zum Thema gemacht haben, einige zentrale Stellen zitiert:

1) *Kierkegaard* (in: *Die Wiederholung. Drei erbauliche Reden 1843*, Gesammelte Werke, 5. und 6. Abteilung, herausgegeben von Emanuel Hirsch und Hayo Gerdes, Gütersloh: Gütersloher Verlagshaus Gerd Mohn 1980): "Wiederholung ist ein entscheidender Ausdruck für das, was 'Erinnerung' bei den Griechen gewesen ist. [...] Wiederholung und Erinnerung sind die gleiche Bewegung, nur in entgegengesetzter Richtung; denn dessen man sich erinnert, das ist gewesen, wird rücklings wiederholt; wohingegen die eigentliche Wiederholung sich der Sache vorlings erinnert" (S. 3). "Die Wiederholung ist das *Interesse* der Metaphysik; und zugleich dasjenige Interesse, an dem die Metaphysik scheitert" (S. 22).

2) *Nietzsche* (in: *Der Wille zur Macht*, Stutt-

gart: Alfred Kröner Verlag 1964): "An Stelle von 'Metaphysik' und Religion die Ewige Wiederkunftslehre" (S. 324, Nr. 462). "Daß alles wiederkehrt, ist die extremste Annäherung einer Welt des Werdens an die des Seins: Gipfel der Betrachtung" (S. 418, Nr. 617).

3) *Heidegger* (in: *Sein und Zeit*, a. a. O.:) "Die Notwendigkeit einer ausdrücklichen Wiederholung der Frage nach dem Sein" (S. 2). "Die Seinsfrage wiederholen besagt daher: erst einmal die Frage*stellung* zureichend ausarbeiten" (S. 4). Unter der Thematik von Zeitlichkeit und Geschichtlichkeit taucht "Wiederholung" von S. 372 bis S. 397 oft auf. (In: *Kant und das Problem der Metaphysik*, a. a. O.:) "Die Grundlegung der Metaphysik in einer Wiederholung" (S. 185). "Die transzendentale Auslegung der Geschichtlichkeit auf dem Grund der Zeitlichkeit soll zugleich einen Vorbegriff von der Seinsart desjenigen Geschehens geben, das in der Wiederholung der Seinsfrage geschieht" (S. 218). (In: *Einführung in die Metaphysik*, a. a. O.:) "Fragen: Wie steht es um das Sein? – das besagt nichts Geringeres als den Anfang unseres geschichtlich-geistigen Daseins wieder-holen, um ihn in den anderen Anfang zu verwandeln. Solches ist möglich. [...] Ein Anfang wird aber nicht wiederholt, indem man sich auf ihn als ein Vormaliges und nunmehr Bekanntes und lediglich Nachzumachendes zurückschraubt, sondern indem der Anfang *ursprünglicher* wiederangefangen wird" (S. 29 f.). "Der Anfang kann nicht und kann nie ebenso unmittelbar, wie er anfängt, dieses Anfangen auch so bewahren, wie es allein bewahrt werden kann, nämlich dadurch, daß es in seiner Ursprünglichkeit ursprünglicher wieder-holt wird. Deshalb ist auch nur in einer denkenden Wieder-holung und allein durch diese angemessen vom Anfang und dem Einsturz der Wahrheit zu handeln" (S. 146). (In: *Nietzsche*,

Bd. I, a. a. O.:) "Wiederholung möchte Anlaß sein, wenige Gedanken, die das Ganze bestimmen, immer neu zu durchdenken" (S. 9). (In: *Unterwegs zur Sprache*, a. a. O.:) "Auf der ersten Seite von 'Sein und Zeit' ist mit Bedacht die Rede vom 'Wiederholen'. Dies meint nicht das gleichförmige Anrollen des immer Gleichen, sondern: Holen, Einbringen, Versammeln, was sich im Alten verbirgt" (S. 131).

Namenverzeichnis

IM VERLAG LAMBERT SCHNEIDER LIEGT VOR:

Wu-men Hui-k'ai

Ch'an-tsung Wu-men kuan

Zutritt nur durch die Wand

Übersetzt und mit Einleitung und Anmerkungen versehen von Walter Liebenthal. 1977.

142 S., mit 2 Tafeln.

(Sammlung Weltliteratur. Reihe: Chinesische Literatur)

»Der hier behandelte Text gehört zu den schwer deutbaren Schriften der Dhyāna-Lehre (chin. *Ch'an-tsung*, japan. *Zen-shū*) des Buddhismus. Der chinesische Ch'an-Mönch Hui-k'ai (1182–1260) hat unter dem Titel *Wu-men kuan* (»Engpaß ohne Tor«) 48 ›Aufgaben‹ oder ›schwierige Entscheidungen‹, *kung-an* alter Meister gesammelt und kommentiert. An kurz berichtete Ereignisse aus dem Mönchs-Leben knüpfen sich zugespitzte Fragen, auf die eine Antwort nur schwer oder überhaupt nicht zu finden ist. [...]

Wenn man bedenkt, daß dieser Zweig des Buddhismus in der Welt überwiegend im *japanischen* Gewand bekannt geworden ist (charakteristischerweise ist die Bezeichnung ›*Zen*‹ im Westen viel geläufiger als ›*Ch'an*‹), wird man das Bestreben Liebenthals verstehen, diese Einseitigkeit bei der Betrachtung einer Lehre, die immerhin aus China nach Japan gekommen ist, durch nachdrückliche Betonung ihrer *chinesischen* Wurzeln zu korrigieren. Einig sind sich aber sowohl Zen- als auch Ch'an-Anhänger darin, daß in der Lehre nichts *erkannt*, sondern alles nur ›*erlebt*‹ werden kann: ›Dhyāna ist Mystik‹.«

(S. Behrsing, in: Orientalistische Literaturzeitung, 1981)

»The past-master Walter Liebenthal, one of the few German experts of Chinese Buddhism, succeeds in familiarizing the reader with these texts which are exceptionally difficult to understand and are often composed solely for the sake of their shock effect. It remains to be seen, however, whether these translations, which are written in an easily readable form and are rendered fairly freely in parts, and these detailed annotations really make the meanings intelligible in all cases.

Liebenthal's presentation of the text on the basis of the Chinese original is exemplary in every respect, not only in the form of the translation, which searches for formulations suitable for the German, but also in the annotations and explanations. The work is a valuable addition to the literature in the German language on Chinese Buddhism [...]. The execution of the printing of this commendable work is exemplary.« *(Martin Gimm, in: Mundus, 1979)*

»Schon in der Deutung des Titels ist Liebenthal eine für die gesamte Übersetzung charakteristische Verbesserung gelungen, wenn er den Ausdruck *statischer* Paradoxie, z.B. ›Paß, Schranke, Tor ohne Tor‹ durch einen solchen *dynamischer* Paradoxie ›Zutritt nur durch die Wand‹ ersetzt; denn daß eine *Bewegung* zum Heil nach Auffassung dieser spirituellen Tradition stattfindet, ist wohl ebenso deutlich wie, daß dieser Bewegung keine Dimension zur Verfügung steht [...].« *(E. Steinkellner, in: Wiener Zeitschrift für die Kunde Südasiens, 1979)*

»Die Übersetzung Liebenthals, des zünftigen Sinologen, der nur chinesische Quellen benutzt, zeichnet sich durch den chinesischen Bodengeruch aus.« *(Heinrich Dumoulin, in: Geschichte des Zen-Buddhismus I, 1985)*

»In der vorliegenden Übersetzung habe ich versucht, den Text mit Hilfe chinesischen Materials neu zu verstehen. Der Verfasser war, obwohl Mönch, ein Freidenker in dem Sinn, daß er sich an keine überlieferte Lehre gebunden fühlte;

seine Fragestellung war vielleicht buddhistisch, seine Antwort höchst persönlich. [...]

Sicherlich gibt es Parallelen zu anderen Religionen. Der ausgezeichnete, leider zu früh verstorbene R. H. Blyth weist mehrere solche zu christlichen Denkern nach. Es ist eine Frage, ob dadurch, daß sie uns den Dhyāna-Buddhismus vertrauter machen, sein Eigentliches nicht zugleich verschleiert wird. Der chinesische Dhyāna-Buddhismus ist nie christlich, fast möchte man etwas paradox sagen, auch nicht (indisch-)buddhistisch. Das ihm unterliegende Weltbild ist immer noch das des Lao Tzu und Chuang Tzu.«

(Walter Liebenthal, S. 13/14)

Die vordere Umschlagseite wurde unter Verwendung eines Tuschbildes von Yuho Seki (1900–1982) gestaltet.

CIP-Kurztitelaufnahme der Deutschen Bibliothek

Oshima, Yoshiko:

Zen – anders denken? : Zugl. e. Versuch über Zen u. Heidegger / Yoshiko Oshima. – Orig.-Ausg. – Heidelberg : Schneider, 1985.

(Lambert-Schneider-Taschenbücher)
ISBN 3 - 7953 - 0782 - 1